Promoção e avaliação da atividade física em jovens brasileiros

Instituto Phorte Educação
Phorte Editora

Diretor-Presidente
Fabio Mazzonetto

Diretora-Executiva
Vânia M. V. Mazzonetto

Editor-Executivo
Tulio Loyelo

Conselho Editorial

Diretor-Presidente
Fabio Mazzonetto

Conselheiros

Educação Física
Francisco Navarro
José Irineu Gorla
Paulo Roberto de Oliveira
Reury Frank Bacurau
Roberto Simão
Sandra Matsudo

Educação
Marcos Neira
Neli Garcia

Fisioterapia
Paulo Valle

Nutrição
Vanessa Coutinho

Promoção e avaliação da atividade física em jovens brasileiros

Paulo Henrique Santos da Fonseca
(Organizador)

São Paulo, 2012

Promoção e avaliação da atividade física em jovens brasileiros
Copyright © 2012 by Phorte Editora

Rua Treze de Maio, 596
Bela Vista – São Paulo – SP
CEP: 01327-000
Tel/fax: (11) 3141-1033
Site: www.phorte.com.br
E-mail: phorte@phorte.com.br

Nenhuma parte deste livro pode ser reproduzida ou transmitida de qualquer forma, sem autorização prévia por escrito da Phorte Editora Ltda.

CIP-BRASIL. CATALOGAÇÃO-NA-FONTE
SINDICATO NACIONAL DOS EDITORES DE LIVROS, RJ

P958

Promoção e avaliação da atividade física em jovens brasileiros / Paulo Henrique Santos da Fonseca, (organizador). - São Paulo : Phorte, 2012.
240 p. : il.

Apêndice
Inclui bibliografia
ISBN 978-85-7655-367-0

1. Educação física - Estudo e ensino. 2. Educação física - Avaliação. 3. Educação física para jovens. 4. Prática de ensino. 5. Promoção de saúde. I. Fonseca, Paulo Henrique Santos da.

| 12-7846. | CDD: 372.86 |
| | CDU: 373.86 |

| 24.10.12 31.10.12 | 040191 |

PH0809

Impresso no Brasil
Printed in Brazil

Este livro foi avaliado e aprovado pelo Conselho Editorial da Phorte Editora.
(www.phorte.com.br/conselho_editorial.php)

AGRADECIMENTOS

Este livro foi escrito por várias mãos e representa a ousadia de um grupo de professores do curso de Educação Física da Universidade Estadual do Oeste do Paraná, que aceitou, em um país onde a leitura científica ainda busca se afirmar, a responsabilidade de desenvolver esta obra. Assim, com toda a justiça, os agradecimentos vão para os autores que com seus conhecimentos teóricos e práticos tornaram possível esta publicação.

APRESENTAÇÃO

O principal objetivo deste livro é apresentar um texto atualizado e com total atenção aos jovens brasileiros, direcionado especialmente aos estudantes de graduação. A obra não deve ser entendida apenas como um manual de testes, mas sim tendo como capital anseio levar o aluno a refletir sobre a sua atuação diante de crianças e adolescentes.

Dessa forma, no primeiro capítulo, "Atividade física para crianças e adolescentes: a questão da promoção da saúde", os autores, sustentados pelo entendimento de que a prática de atividade física em jovens é um importante componente para uma vida saudável, buscam responder à seguinte pergunta: qual o caminho ou o que é necessário para que crianças e adolescentes pratiquem atividade física? A resposta passa pela discussão da promoção de atividade física para jovens e pela apresentação de meios para estimulá-los à luz do ideário da Promoção da Saúde.

No segundo capítulo, "Fundamentos da avaliação física", são apresentados os conceitos da avaliação e como o educador físico pode utilizá-los ao trabalhar com jovens no ambiente escolar e/ou fora dele. Saber administrar variedades de instrumentos e interpretá-los, considerando o seu contexto, é o que se espera de profissionais em uma avaliação física.

O terceiro capítulo, "Aplicação de testes de aptidão física", apresenta a aplicação de baterias de testes em crianças e adolescentes e como pode ser a interpretação dos resultados, considerando a relação com o crescimento e o desenvolvimento dos jovens. Nesse capítulo, a discussão é direcionada à bateria de testes Projeto Esporte Brasil (PROESP), que foi selecionada por se tratar de uma proposta nacional que vem sendo utilizada em diversos estudos e que atende às necessidades do educador físico.

No quarto capítulo, "Análise da maturação", são discutidas as transformações que ocorrem para tornar o indivíduo biologicamente maduro. É comum, em um dado grupo etário, algumas crianças serem biologicamente adiantadas em relação à sua idade cronológica, ou poderão estar atrasadas. Nesse capítulo são, apresentadas as metodologias de medida da maturação, como aplicá-las e interpretá-las ao longo do período da infância e da adolescência.

O quinto capítulo, "Análise das medidas antropométricas em jovens", foi estruturado iniciando com uma abordagem histórica da antropometria; em seguida, destacam-se os conceitos gerais da antropometria, as técnicas, a aplicabilidade e o comportamento das medidas antropométricas na infância e, por fim, a utilização da antropometria em um estudo transversal.

Por último, o sexto capítulo, "Gasto energético como medida do nível de atividade física em jovens", aborda os cálculos do gasto energético e do nível de atividade física utilizando o *Compêndio de Atividade Física para Jovens* e apresenta dados do nível de atividade física em adolescentes brasileiros. Concluindo, convido o leitor a ler este livro com um olhar crítico, entendendo que as afirmações contidas nele são passíveis de modificações na mesma velocidade em que a ciência se desenvolve.

Prof. Ms. Paulo H. S. da Fonseca

Prefácio

Um dos mais importantes acontecimentos observados nas últimas décadas, e que não é uma exclusividade do nosso país, tampouco algo de que possamos nos orgulhar, são as mudanças transformadoras nos padrões associados ao estilo de vida das populações. Esse fenômeno tem produzido gerações que abrem mão de uma vida ativa e engajada em práticas cotidianas mais intensas por um estilo mais passivo e sedentário. Muitos são os aspectos que se entrelaçam e contribuem para produzir um preocupante perfil de jovens pouco motivados e desengajados da prática de atividades físicas, mostrando-se fisicamente inaptos e muito próximos de pertencerem a grupos de risco cardiovascular. Para agravar o quadro, embora essas características estejam presentes na infância e na adolescência, as implicações desses períodos têm seus efeitos para a vida toda.

A preocupação dos pais com a violência desenfreada e a falta de segurança presente nas grandes metrópoles, apesar de hoje não se restringir somente a elas, tem se associado à falta de espaços planejados e destinados à prática de atividades físicas, corroborando para que esse quadro permaneça em ascendência. Além disso, a diminuição do tempo livre, o tipo de atividade preferencial das crianças e adolescentes, o desconhecimento da importância da atividade física e os sentimentos de baixa percepção de competências física e motora são apenas alguns dos fatores que ajudam a agravar essa situação.

Se em algum momento da História foi evidenciado sobremaneira nos contextos escolares o cultivo de um corpo físico apto e saudável, valorizando esse espaço como um momento para desenvolvê-lo, hoje talvez se esteja vivendo uma realidade oposta. A mudança de paradigma na concepção de saúde precisa estar presente na consciência dos profissionais, mudar suas práticas e concepções, e refletir positivamente na sociedade.

Nesse sentido, esta obra traz substancial contribuição teórica, metodológica e orientação prática direcionada à realidade brasileira. Traz importantes considerações sobre a concepção de promoção de saúde, conduzindo o leitor a uma reflexão sobre o significado e a importância da avaliação da aptidão física de crianças e jovens.

Fundamentos da avaliação física, orientações para aplicação de testes, critérios para comparação, comportamento das variáveis de aptidão ao longo da infância e da adolescência, bem como recomendações e sugestões estão presentes. As implicações do desenvolvimento pubertário e dos processos maturacionais são destacadas enquanto fatores imprescindíveis para o desenvolvimento e o desempenho motor. As medidas antropométricas mais comumente utilizadas para avaliar jovens, um compêndio de atividades físicas que permite calcular o gasto energético em cada atividade, autores de referência, bibliografia atualizada e fundamentação teórica consistente são oferecidos aos leitores.

Compilado vislumbrando especialmente alunos de graduação, é um livro digno de ser saboreado por todos aqueles que se dedicam e investem suas carreiras na formação profissional, na promoção de saúde de crianças e jovens, e que compreendem o impacto que o desenvolvimento durante a infância e a adolescência tem na vida adulta, bem como o papel do profissional de Educação Física nesse processo. Uma obra compilada por mentes inquietas e habilidosas. Uma leitura acessível, acadêmica e relevante. Um obra que merece ser lida.

Prof. Dr. Fernando Copetti

Centro de Educação Física e Desportos

Universidade Federal de Santa Maria

ORGANIZADOR E AUTOR

PAULO HENRIQUE SANTOS DA FONSECA

Graduação em Educação Física pela Universidade Federal de Santa Maria.

Especialização pela Universidade Federal de Viçosa.

Mestrado em Educação Física pela Universidade Federal de Santa Catarina.

AUTORES

ARESTIDES PEREIRA DA SILVA JÚNIOR

Graduação em Educação Física pela Universidade Estadual do Oeste do Paraná.

Especialização em Atividade Física direcionada à Promoção da Saúde pela Universidade Estadual do Oeste do Paraná.

Mestrado em Educação Física pela Universidade São Judas Tadeu.

DALMO ROBERTO LOPES MACHADO

Graduação em Educação Física pela Universidade Estadual Paulista Júlio de Mesquita Filho.

Especialização em Avaliação da *Performance* Motora pela Universidade Estadual de Londrina.

Mestrado em Educação Física pela Universidade de São Paulo.

Doutorado em Educação Física pela Universidade de São Paulo.

Edílson Hobold

Graduação em Educação Física pela Universidade Estadual do Oeste do Paraná.

Especialização em Atividade Física Direcionada à Promoção da Saúde pela Universidade do Norte do Paraná.

Mestrado em Educação Física pela Universidade Federal de Santa Catarina.

Cursando doutorado em Biodinâmica do Movimento e Esporte pela Universidade Estadual de Campinas.

Eneida Maria Troller Conte

Graduação em Educação Física pela Universidade Estadual de Maringá.

Especialização em Ciência do Treino de Alto Rendimento pela Universidade Gama Filho.

Especialização em Ciências Biológicas Aplicadas ao Exercício Físico pela Universidade Estadual do Oeste do Paraná.

Mestrado em Educação Física pela Universidade Federal de Santa Catarina.

Evandra Hein Mendes

Graduação em Educação Física pela Universidade Estadual do Oeste do Paraná.

Especialização em Educação Física pela Universidade do Norte do Paraná.

Mestrado em Educação Física pela Universidade Federal de Santa Catarina.

Gustavo André Borges

Graduação em Educação Física pela Universidade Federal de Alagoas.

Especialização em Educação Física pela Universidade Estadual de Londrina.

Mestrado em Educação Física pela Universidade de São Paulo.

Doutorado em Educação Física pela Universidade de São Paulo.

Kenji Fuke

Graduação em Educação Física pela Universidade Federal de Santa Maria.

Especialização em Atividade Física, Desempenho Motor e Saúde pela Universidade Federal de Santa Maria.

Mestrado em Treinamento de Alto Rendimento pela Universidade Técnica de Lisboa – Portugal.

Maria de Fátima da Silva Duarte

Graduação em Educação Física pela Faculdade de Educação e Cultura do ABC.

Especialização em Pesquisador em Ciências do Esporte pelo CELAFISCS.

Mestrado em Educação Física pela Universidade de São Paulo.

Doutorado em Biodinâmica do Movimento Humano pela University of Illinois – EUA.

Maria Luiza de Jesus Miranda

Graduação em Educação Física pela Universidade de São Paulo.

Especialização em Técnico Desportivo em Ginástica em Aparelhos pela Universidade de São Paulo.

Mestrado em Educação Física pela Universidade de São Paulo.

Doutorado em Psicologia pela Universidade de São Paulo.

Marilia Velardi

Graduação em Educação Física pela Organização Santamarense de Educação e Cultura.

Especialização em Dança e Educação Física pela Universidade de Formação Educação e Cultura do ABC.

Mestrado em Educação Física pela Universidade Estadual de Campinas.

Doutorado em Educação Física pela Universidade Estadual de Campinas.

MIGUEL DE ARRUDA

Graduação em Educação Física pela Pontifícia Universidade Católica de Campinas.

Mestrado em Educação Física pela Universidade de São Paulo.

Doutorado em Educação Física pela Universidade Estadual de Campinas.

Livre-docência pela Universidade Estadual de Campinas.

SUMÁRIO

1 | ATIVIDADE FÍSICA PARA CRIANÇAS E ADOLESCENTES: A QUESTÃO DA PROMOÇÃO DA SAÚDE — 19

1.1 ENTENDENDO E DISCUTINDO A PROMOÇÃO DA SAÚDE — 23
1.2 ATIVIDADE FÍSICA PARA CRIANÇAS E ADOLESCENTES NA PERSPECTIVA DA PROMOÇÃO DA SAÚDE — 27
   1.2.1 RECOMENDAÇÕES — 32
1.3 CONSIDERAÇÕES FINAIS — 38
1.4 REFERÊNCIAS — 39

2 | FUNDAMENTOS DA AVALIAÇÃO FÍSICA — 45

2.1 AVALIAÇÃO: CONCEITOS — 48
2.2 INTERPRETAÇÃO DA AVALIAÇÃO — 51
2.3 PRINCÍPIOS DAS AVALIAÇÕES — 53
2.4 AVALIAÇÃO: FUNÇÕES E OBJETIVOS — 54
2.5 ANÁLISE DA AVALIAÇÃO PARA A POPULAÇÃO DE CRIANÇAS E ADOLESCENTES — 60
2.6 ÉTICA EM AVALIAÇÃO — 61
2.7 REFERÊNCIAS — 63

3 | APLICAÇÃO DE TESTES DE APTIDÃO FÍSICA — 69

3.1 ORIENTAÇÕES PARA A APLICAÇÃO DE UMA BATERIA DE TESTES — 73
   3.1.1 FASE PRÉ-TESTE — 74
   3.1.2 FASE INTRATESTE — 75
   3.1.3 FASE PÓS-TESTE — 76
3.2 BATERIA DE TESTES — 78
   3.2.1 DESCRIÇÃO DOS TESTES — 79
      3.2.1.1 FLEXIBILIDADE — 80
      3.2.1.2 FORÇA/RESISTÊNCIA MUSCULAR — 81
      3.2.1.3 FORÇA DE MEMBROS INFERIORES — 82
      3.2.1.4 FORÇA DE MEMBROS SUPERIORES — 83

3.2.1.5 Agilidade	83
3.2.1.6 Velocidade	84
3.2.1.7 Aptidão cardiorrespiratória	85
3.2.1.8 Critérios nacionais de avaliação	87
3.3 Comportamento das variáveis de aptidão física durante a infância e a adolescência	96
3.3.1 Crescimento e desenvolvimento corporal	97
3.3.2 Aptidão física aeróbia	101
3.3.3 Aptidão física – força/*endurance* muscular	106
3.3.4 Aptidão física – flexibilidade	109
3.3.5 Aptidão física – velocidade e agilidade	112
3.4 Referências	114

4 | Análise da maturação — 119

4.1 Crescer, desenvolver e adolescer	122
4.2 Características do desenvolvimento pubertário	124
4.3 Avaliação da maturação	126
4.3.1 Avaliação da maturação esquelética	126
4.3.2 Maturação somática (pico de velocidade de crescimento – PVC)	129
4.3.3 Maturação sexual	134
4.3.4 Idade da menarca	140
4.4 Implicações da maturação no desenvolvimento e no desempenho da aptidão física	143
4.5 Considerações finais	146
4.6 Referências	147

5 | Análise das medidas antropométicas em jovens — 153

5.1 A antropometria	155
5.2 Técnicas de medidas antropométricas	156
5.2.1 Estatura	157
5.2.1.1 Equipamento	157
5.2.1.2 Método	157
5.2.2 Massa corporal	158
5.2.2.1 Equipamento	159
5.2.2.2 Método	159
5.2.3 Dobras cutâneas (DC)	160
5.2.3.1 Dobra cutânea tricipital (TR)	160
5.2.3.2 Dobra cutânea subescapular (SE)	161
5.2.3.3 Dobra cutânea bicipital (BI)	162

5.2.3.4 Dobra cutânea suprailíaca (SI) — 162
5.2.3.5 Dobra cutânea panturrilha medial (PM) — 163
5.3 Aplicação das medidas antropométricas — 164
5.3.1 Índice de massa corporal (IMC) — 164
5.3.2 Composição corporal (CC) — 165
5.4 Comportamento das medidas antropométricas na infância e na adolescência — 171
5.5 Utilização da antropometria em estudo transversal — 175
5.5.1 Composição corporal — 179
5.6 Referências — 183

6 | Gasto energético como medida do nível de atividade física em jovens — 189

6.1 O *Compêndio de atividade física para jovens* — 192
6.1.2 O código de seis dígitos do *Compêndio de atividade física para jovens* — 193
6.2 Cálculo do gasto energético — 194
6.3 Discussão e limitações — 199
6.3.1 Análise do nível de atividade física do jovem brasileiro — 200
6.4 Referências — 220

Apêndice — 223

Anexos — 229

Atividade física para crianças e adolescentes: a questão da promoção da saúde

1

Arestides Pereira da Silva Júnior | Maria Luiza de Jesus Miranda | Marília Velardi

A prática regular de atividade física para crianças e adolescentes vem sendo reconhecida e valorizada pela comunidade científica em estudos que comprovam a sua importância e os benefícios para a vida dos jovens. Nesse contexto, são várias as recomendações que incentivam a prática de atividade física como estímulo para um "estilo de vida ativo"[1] ao longo da vida.

Nesse viés, Matsudo et al. (2003) afirmam que promover a atividade física na infância e na adolescência significa estabelecer uma base sólida para a redução da prevalência do sedentarismo na idade adulta, contribuindo para o que denominam de "construção de saúde". Além disso, alertam que a prevenção de um estilo de vida sedentário na infância é mais adequada que tentar revertê-lo na idade adulta.

O *Posicionamento Oficial do Colégio Americano de Medicina Esportiva* ressalta que a aptidão física deve ser desenvolvida em crianças e adolescentes como primeiro objetivo de incentivo à adoção de um estilo de vida

---

[1] Estilo de vida representa o conjunto de ações cotidianas que reflete as atitudes e os valores das pessoas. Estilo de vida ativo refere-se ao comportamento do indivíduo, em que a prática da atividade física é fundamental para o bem-estar.

apropriado com prática de exercícios por toda a vida, com o intuito de desenvolver e manter condicionamento físico suficiente para melhoria da capacidade funcional e da saúde.

Vasques et al. (2007) destacam que níveis adequados de aptidão física na infância e na adolescência associam-se inversamente a fatores de riscos cardiovasculares e metabólicos. Reforçando essa afirmação, Matsudo et al. (2003) afirmam que os benefícios de uma boa aptidão física proporcionarão melhor controle da pressão arterial, aumento da sensibilidade à insulina, melhor funcionamento das articulações, do perfil lipídico, da força muscular e melhor densidade óssea. Além disso, aumento da força, velocidade, agilidade, flexibilidade e mesmo melhoria da potência aeróbica e anaeróbica.

A prática da atividade física aliada ao componente alimentação é considerada uma ferramenta fundamental para a manutenção do peso corporal e para o combate à obesidade. Segundo Farias Júnior e Silva (2008), na infância e na adolescência, o sobrepeso/a obesidade têm sido associados à presença de fatores de risco para doença arterial coronariana, de doenças cardiovasculares e mortalidade precoce na fase adulta da vida. De acordo com Wang et al. (2002), a prevalência de excesso de peso entre os adolescentes brasileiros aumentou de 3,7% na década de 1970 para 12,6% na década de 1990, similar à média de aumento anual dos Estados Unidos. A redução da atividade física de rotina e o aumento de atividades sedentárias têm papel importante na etiologia da obesidade na infância e na adolescência (Bouchard, 2003).

Além dos benefícios fisiológicos e biológicos da prática de atividade física, Matsudo et al. (2003) e Farias Júnior e Silva (2008) destacam a sua importância nos aspectos psicossociais, entre eles controle da ansiedade e da depressão, redução do estresse, elevação da autoestima, melhoria da autoimagem, promoção da integração e socialização entre os jovens.

Não se pode negar a importância da prática regular de atividade física para crianças e adolescentes, seus benefícios e o avanço científico da Educação Física diante dessa discussão. Entretanto, parece que tais justificativas não são suficientes para estimular e mobilizar os jovens a praticarem a atividade física. Dessa forma, surge a seguinte interrogação: *qual o caminho ou o que é necessário para que crianças e adolescentes pratiquem atividade física?*

Partindo dessa questão, discutiremos ao longo do texto a indicação da prática de atividade física para crianças e adolescentes na perspectiva da Promoção da Saúde, pois esta visualiza a questão da saúde numa dimensão mais ampla que extrapola uma abordagem exclusivamente biológica e fisiológica.

O presente capítulo tem como objetivo discutir a promoção de atividade física para crianças e adolescentes e apresentar meios para estimulá-las sob a luz do ideário da Promoção da Saúde.

1.1 ENTENDENDO E DISCUTINDO A PROMOÇÃO DA SAÚDE

Seguindo a problemática abordada na Introdução, primeiramente será necessário explicar o que vem a ser Promoção da Saúde para, na sequência, apresentar as possíveis e principais contribuições na conscientização e na prática de atividade física, especificamente para crianças e adolescentes. Como afirmam Fleury-Teixeira et al. (2008), um olhar superficial ou imediato sobre o termo pode levar a supor que a Promoção da Saúde refere-se a toda atuação que tenha como objetivo o incremento ou a melhoria da saúde das pessoas.

Assim, é importante compreender a Promoção da Saúde num prisma que vai além do modelo biomédico tradicional, no qual a utilização do verbo *promover* seguido do objeto direto *saúde* tende a apontar para iniciativas que muitas vezes estão restritas à prevenção de doenças, como ocasionalmente ocorre nas áreas da saúde, inclusive na Educação Física. Conforme apontam Farinatti e Ferreira (2006), o modelo biomédico baseou-se numa rígida crença do processo saúde-doença, em que o agente para a enfermidade era analisado numa relação causa e efeito, na qual outras variáveis do contexto de vida dos sujeitos tendem a ser subestimadas.

Entretanto, o Ideário da Promoção da Saúde, segundo Buss (2003) e Czeresnia (2003), deve ser entendido como associado a um "conjunto de valores": vida, saúde, solidariedade, equidade, democracia, cidadania, desenvolvimento, participação e parceria, tendo como um dos eixos básicos o fortalecimento da autonomia dos indivíduos, num processo que procura possibilitar que pessoas e comunidades aumentem o controle sobre os determinantes da saúde, não tendo enfoque exclusivo em doenças.

O conceito de Promoção da Saúde surgiu recentemente e vem ganhando espaço nos últimos anos, tendo como marco fundamental a *Carta de Ottawa,* desenvolvida e divulgada na I Conferência Internacional sobre Promoção da Saúde, em 1986. A Carta de Otawa define Promoção da Saúde como "o processo de capacitação da comunidade para atuar na melhoria da sua qualidade de vida e saúde, incluindo uma maior participação no controle deste processo" (Brasil, 2002).

Segundo Buss (2003), a saúde como bem-estar global transcende a ideia de estilos de vida saudáveis. Assim, a Promoção da Saúde não é responsabilidade exclusiva do setor da saúde, e devem ser respeitados outros fatores importantes nesse contexto, como: paz, educação, habitação, alimentação, renda, ecossistema estável, recursos sustentáveis, justiça social e equidade. Portanto, a saúde envolve os demais setores da sociedade, além do setor médico, e todos os profissionais da saúde. Mais recentemente, Buss (2007 apud Carvalho, 2009) descreveu o *Enfoque radical de Promoção da Saúde,* no qual a saúde é produto de um amplo espectro de fatores relacionados à qualidade de vida; logo, as atividades estariam mais voltadas ao coletivo de indivíduos e ao ambiente, entendido em seu contexto físico, social, político e econômico.

Para Pereira Lima et al. (2004), a Promoção da Saúde norteia-se por valores, princípios, métodos e técnicas que favorecem ações direcionadas à melhoria dos estados de saúde de pessoas e comunidade, e uma metodologia especificamente educativa deve se adaptar com base no diagnóstico sobre e com a população, suas histórias e condições de vida, carências e necessidades.

De acordo com o Ministério da Saúde (2001), na primeira Conferência de Promoção da Saúde, foi discutido que os indivíduos e grupos devem saber identificar aspirações, satisfazer suas necessidades e modificar favoravelmente o meio ambiente. Numa visão baseada no ideário da Promoção da Saúde, as intervenções devem valer-se de uma perspectiva positiva do conceito de saúde, com uma abordagem que privilegie valores como democracia e autonomia, operacionalizadas por modelos de intervenção participativa, nos quais a população de crianças, adolescentes, adultos ou idosos veja contemplados seus aspectos subjetivos, como gostos, vontades e necessidades desses indivíduos. Essa postulação baseia-se nos documentos publicados pela Organização Mundial da Saúde ainda no final da década de 1940 (OMS, 1946).

A ideia central da Promoção da Saúde não se restringe às doenças e, por isso, é considerada postuladora de um conceito positivo, tendo como característica o incentivo à participação da comunidade em geral no processo de intervenção. Suas estratégias são diversas e visam à capacitação das pessoas tendo em vista contemplar as necessidades do ser humano. O objetivo final seria a mudança do estilo de vida das pessoas e as transformações no ambiente.

Para explicitar de forma clara e objetiva as principais diferenças entre o modelo preventivo e o da Promoção da Saúde, estão destacadas de forma sucinta no Quadro 1.1 as suas principais características.

Quadro 1.1 – Principais diferenças entre promoção e prevenção

Categorias	Promoção da saúde	Prevenção de doenças
Conceito de saúde	Positivo e multidimensional	Ausência de doenças
Modelos de participação	Participativo	Médico
Alvo	Toda a população	Sobretudo os grupos de alto risco da população
Estratégias	Diversas e complementares	Geralmente única

Continua

Continuação

Categorias	Promoção da saúde	Prevenção de doenças
Abordagens	Facilitação e capacitação	Direcionadoras e persuasivas

Fonte: Adaptado de Buss (2003).

Ampliando a discussão, Czresnia (2003) afirma que o objetivo principal da Promoção da Saúdc é fortalecer a ideia de *empowerment*[2] dos indivíduos e das comunidades para exercerem autonomia na sua vida, o que, desse modo, poderá auxiliar no melhor gerenciamento das suas condições de saúde e situações de vida.

De acordo com Czeresnia (2003) e Farinatti (2000), a autonomia está no centro das estratégias da Promoção da Saúde. Assim sendo, considera-se que a educação é o principal fator contribuinte que faz as pessoas tomarem consciência de si e refletirem sobre suas ações para que possam lidar melhor com suas decisões (Freire, 1996).

No estudo desenvolvido por Silva Júnior et al. (2006), os autores relacionaram a autonomia e a Educação Física sob a perspectiva da Promoção da Saúde. A Educação Física deveria proporcionar uma educação voltada para o *empowerment*, e não se centrar apenas em soluções impositivas e criadoras de relações de mútuas dependências entre professores e alunos ou profissionais e clientes. O princípio básico da autonomia implica, ainda que minimamente, o reconhecimento do direito do indivíduo de compreender o mundo à sua própria maneira, de fazer escolhas, de poder agir de acordo com valores e crenças pessoais. Dessa forma, o processo de capacitar as pessoas, educando-as para ter escolhas mais saudáveis e, assim, adquirir um estilo de vida condizente com suas necessidades e desejos, é a ideia fundamental dessa perspectiva.

---

[2] O termo *empowerment*, segundo Laverack e Labonte (2000) e Vasconcelos (2004), é definido como o meio pelo qual as pessoas adquirem maior controle sobre as decisões que afetam suas vidas ou mudanças em direção a uma maior igualdade nas relações sociais de poder.

Considerando a educação como aspecto fundamental na conscientização e tomada de decisão dos jovens diante da prática de atividades físicas, Velardi (2003) afirma que a Educação Física, considerada como área eminentemente pedagógica, pode auxiliar nesse processo, proporcionando condições de ensino que favoreçam o aprendizado de conhecimentos que permitam o gerenciamento adequado das condições de saúde de uma determinada população. O papel da Educação Física, na perspectiva da Promoção da Saúde, é o de promover a prática das atividades físicas utilizando-se de estratégias educacionais que transcendam as práticas motoras e, por meio delas, tornam possível o ensino de conhecimentos que permitam às pessoas gerenciarem melhor suas condições de saúde.

1.2 ATIVIDADE FÍSICA PARA CRIANÇAS E ADOLESCENTES NA PERSPECTIVA DA PROMOÇÃO DA SAÚDE

Como já afirmado anteriormente, é inegável a importância da prática regular da atividade física como um recurso fundamental no processo de desenvolvimento geral da criança e do adolescente, sendo um elemento imprescindível nos domínios físico, motor, cognitivo, intelectual, afetivo e social desses indivíduos. Entre os principais benefícios que os estudos científicos vêm comprovando, destacam-se os seguintes, conforme Ceschini e Júnior (2007), Gallahue e Donnelly (2008), Hallal et al. (2006), Matsudo et al. (2003), e Vasques e Lopes (2009):

- prevenção de doenças;
- melhora dos níveis de aptidão física (força, resistência, velocidade, flexibilidade, agilidade, equilíbrio);
- estímulo para o desenvolvimento das habilidades motoras básicas (andar, correr, saltar, lançar, chutar, quicar);

- auxílio no aperfeiçoamento das capacidades funcionais;
- diminuição dos percentuais de gordura;
- auxílio no desenvolvimento e na manutenção de ossos, músculos e articulações saudáveis;
- promoção do bem-estar psicológico e da autoestima;
- promoção da integração e socialização entre os jovens;
- promoção de papéis de liderança e tomada de decisões em atividades grupais;
- estímulo ao jovem para tornar-se um adulto ativo.

Apesar da comprovação científica dos efeitos da prática da atividade física sobre os benefícios gerais ligados a aspectos de vida da criança e do adolescente, parece que isso não tem sido suficiente para motivar os jovens a manterem-se ativos. Alguns dados explicitam tal afirmação, como no caso do estudo de Silva e Malina (2000), no qual verificaram que 93,5% dos estudantes da cidade de Maceió - AL foram classificados como sedentários. Já na cidade de Pelotas - RS, o percentual de sedentarismo foi menor entre os adolescentes, com 58%, conforme resultados do estudo de Hallal et al. (2006).

Parece difícil detectar a causa dessa falta de envolvimento dos jovens com a atividade física, pois trata-se de um fenômeno amplo e subjetivo que envolve gostos, interesses, percepções, emoções, motivações, valorizações e que varia de pessoa para pessoa, região para região, cultura para cultura. Com base em diversos estudos, porém, podemos levantar alguns pontos a respeito do interesse ou desinteresse pela prática da atividade física.

Carvalho (2009) explica que ainda é soberano o modelo biomédico na Educação Física, considerando os aspectos biológicos, como melhora no sistema cardiopulmonar, manutenção da pressão sanguínea em níveis aceitáveis, entre outros, como o produto de uma intervenção, ou seja, a área, os docentes e os conteúdos são direcionados a essa relação de causa e efeito.

Na mesma direção, Bagrichevski e Palma (2004) afirmam que na Educação Física o que predomina ainda é o aspecto fisiológico, tratando a saúde em uma relação de causa e efeito com a atividade física, ou seja, uma pessoa que pratica atividade física consequentemente terá saúde, como se fosse um passe de mágica. É importante ressaltar que o aspecto biológico da saúde deve também ser privilegiado, contudo, quando apenas este é abordado, acaba por ocorrer a aproximação com um modelo de imposição e amedrontamento.

Nesse sentido, as intervenções que visam ao estímulo à prática de atividades físicas são baseadas e reforçadas com o propósito de transmissão de conhecimento pela explicação do que é a doença e de quais os riscos relacionados a ela, pautados por intenções subliminares que visam mobilizar crianças ou adolescentes pelo medo (Velardi, 2003). Ou seja, por meio de um modelo de doença, e não de saúde, por exemplo: "Se você não fizer atividade física ficará doente! Se não se exercitar vai engordar!", ou ainda "Pessoas que não praticam atividades físicas morrem mais cedo!", dando a ideia de que a atividade física seria o remédio para todos os males.

É normal verificarmos essas situações na prática escolar, em que o professor (muitas vezes se comportando como dono da verdade), por sua formação e pela forma de conduzir os conteúdos, acaba fortalecendo as causas e consequências da prática da atividade física, fazendo que a criança ou o adolescente seja o único responsável por essa situação ou mudança. Ferreira (2001) denominou isso de *culpabilização da vítima*, pois insinua que a saúde pode ser obtida predominantemente por mudanças no comportamento individual, isto é, o aspecto educacional e pedagógico para o fortalecimento da autonomia dos alunos é superado por ações autoritárias, impositivas e antidemocráticas.

Além desse caráter que justifica a atividade física pelos riscos de doenças, Velardi (2003) afirma que os ensinamentos dos conceitos e procedimentos relacionados à atividade física são instrumentalizados por ações prontas ou ironicamente denominadas pela autora de "método receita de bolo". Ou seja, "doses igualitárias" diárias de atividade física para populações distintas seriam responsáveis por uma boa saúde.

Gerez (2006) levanta outra questão importante no que se refere à Educação Física: o discurso epidemiológico é predominante e justifica a necessidade da prática de atividade física prediante a exposição dos fatores de risco do sedentarismo e dos gastos em Saúde Púbica com doenças crônicas não transmissíveis. De acordo com a autora, esse argumento epidemiológico também deve ser levado em consideração, mas não exageradamente estimado numa relação de causa e efeito no processo saúde-doença.

A crítica ao modelo preventivo e epidemiológico, que caracteriza a perspectiva biomédica, não vem para diminuir os efeitos e benefícios da prática da atividade física sobre os aspectos físicos, funcionais e preventivos comprovados cientificamente. É inegável seu impacto sobre as variáveis de aptidão física no controle de determinadas doenças e sobre variáveis psicológicas. Fundamenta-se, porém, uma posição em que essa relação de causalidade é restrita e não se levam em conta outros aspectos relacionados à condição humana.

O processo deve ir além da prática sistematizada, estabelecendo relações e significados com e para a vida do praticante. Assim, devemos compreender a atividade física para crianças e adolescentes não apenas como meio de controle de doenças, mas para a melhora das capacidades físicas, habilidades motoras ou outras inúmeras possibilidades reconhecidas e comprovadas cientificamente. Acredita-se que programas de Educação Física devem partir da compreensão dos múltiplos aspectos e benefícios que permeiam a juventude, desde os fisiológicos, físico-motores, até os de natureza psíquica, social e subjetiva.

Segundo Ceschini e Júnior (2007) e Ferreira (2001), a cultura, a conscientização, os valores, as crenças, o conhecimento, o ambiente, as atitudes, as habilidades, a mídia, a vida social e a influência dos amigos e da família, além da genética e do sistema nervoso central, são aspectos fundamentais para a promoção da atividade física em jovens.

Na mesma direção, os estudos científicos pautados na perspectiva da Promoção da Saúde vêm corroborando a afirmação de que comportamentos e hábitos em relação à prática da atividade física estabelecidos de forma educativa durante a infância, considerando o acesso a informações pelos jovens, são influenciadores e motivadores para a conscientização de um adulto em relação à prática da atividade física, ponderando benefícios e causas.

Entretanto, a falta de conhecimento dos jovens e a ausência de informações para eles vêm sendo consideradas fatores determinantes do não interesse pela prática da atividade física. Exemplo disso foi confirmado no estudo desenvolvido por Ceschini e Júnior (2007) sobre as barreiras e determinantes para a prática de atividade física em escolares adolescentes com média de idade de 16,6 anos da cidade de São Paulo. Os autores verificaram que as principais barreiras são a falta de interesse pelo exercício (25,7%), seguida pela falta de conhecimento (20,2%). Esse achado é extremamente interessante e nos leva à seguinte questão: será que a falta de interesse não seria também consequência da falta de conhecimento? Os autores sugerem para os escolares adolescentes mecanismos de intervenção que busquem incrementar o conhecimento dos benefícios da prática regular de atividade física, bem como as possíveis formas de praticar essas atividades.

Esses dados apontados vêm para confirmar que o acesso a informações, o conhecimento e a capacitação dos indivíduos aliados a um processo educativo – elementos considerados fundamentais na premissa da

Promoção da Saúde – poderão contribuir de maneira coerente para o exercício da autonomia diante da prática da atividade física.

1.2.1 RECOMENDAÇÕES

Considerando os pressupostos da Promoção da Saúde discutidos neste texto como uma efetiva ferramenta de conscientização da importância e dos benefícios da prática de atividade física para crianças e adolescentes, serão apresentadas neste momento algumas recomendações. Todavia, estas não devem ser entendidas como estratégias unificadas e modelos estereotipados para todos os jovens, pois, em cada contexto, as pessoas, as necessidades, os gostos, os objetivos, os recursos, entre inúmeras outras variáveis, podem ser diferentes. Ou seja, não se pretende impor um "modelo de aquisição de saúde" para crianças e adolescentes como o que tradicionalmente enfatiza que benefícios de saúde significativos podem ser obtidos ao incluir uma quantidade moderada de atividade física em todos ou quase todos os dias da semana. Conforme estudo publicado por Carvalho (2005), fórmulas únicas para todos têm-se mostrado inadequadas com relação à adesão à prática da atividade física.

Também é importante salientar que a atividade física não deve ser instrumentalizada como um remédio para todos os males numa relação de causalidade entre atividade física e saúde, uma vez que os benefícios dependem da forma como a atividade é praticada. Conforme Ferreira (2001), essa relação pode nos levar ao campo do "otimismo ingênuo".

Por isso, além de considerar os benefícios de ordem biológica e fisiológica que a prática da atividade física poderá proporcionar a crianças e adolescentes, faz-se necessário favorecer que se interessem pela atividade, ou seja, tenham gosto e prazer em praticar a atividade física. Para isso devem ser respeitados alguns aspectos:

- apresentar uma proposta não impositiva;
- respeitar os gostos e as vontades dos participantes, por isso, a opinião e a conversa são indispensáveis;
- considerar a cultura e as características locais;
- reconhecer e considerar as potencialidades e limitações individuais e de grupo.

Incluir atividades que:

- proporcionem satisfação e alegria;
- tenham característica lúdica e de criatividade;
- estejam coerentes com a fase de desenvolvimento da criança e do adolescente;
- atendam a evolução tecnológica.

Com base nesse último aspecto, considera-se atualmente que as atividades físicas tradicionais e brincadeiras vêm perdendo espaço para brinquedos fabricados, carrinhos de controle remoto, *video game* ou utensílios tecnológicos que os substituem, como no caso dos aparelhos celulares, MP3, MP4 etc., comumente utilizados por crianças e adolescentes no dia a dia. Nas escolas, não é novidade encontrarmos alunos portando e utilizando esses aparelhos de forma descontrolada e indevida, inclusive nas aulas de Educação Física, em que preferem não realizar uma atividade proposta pelo professor para ficar manuseando-os.

Antes de proibir a utilização desses artefatos, deve-se mostrar a sua importância para serem utilizados em momentos oportunos, especialmente nas horas de lazer e que não substituam os momentos para a prática da atividade física, como no caso das aulas de Educação Física. Negar a existência dos equipamentos tecnológicos é fortalecer a provocação inerente à criança e ao adolescente a práticas contrárias. É uma questão de coerência – o chamado acordo.

Além disso, é indispensável que as atividades propostas para as crianças e os adolescentes estejam coerentes com os estágios de desenvolvimento humano,[3] ou seja, respeitem os interesses e as necessidades desses jovens, que estão num processo acelerado de desenvolvimento físico, motor, social, afetivo, cognitivo e intelectual. Atividades que não despertam a sua atenção, o seu interesse ou estejam fora daquilo que é conveniente para a faixa etária serão pouco proveitosas e "deixadas de lado".

Corroborando o modelo da Promoção da Saúde, as crianças e os adolescentes deverão ter acesso a informações sobre a prática da atividade física, considerando sua importância e seus benefícios no tocante a capacitá-las, para que possam, de maneira consciente, apropriar-se dos conhecimentos, no intuito de exercer sua autonomia diante da prática de atividade física numa visão mais democrática, não impositiva e "culpabilizadora", respeitando suas potencialidades, seus gostos e suas necessidades.

A educação é o eixo que sustenta as ações da Promoção da Saúde para que as pessoas estejam capacitadas e possam agir de maneira consciente sobre os determinantes de sua saúde. Nesse contexto, a escola, o professor – sobretudo o de Educação Física – e os pais são elementos de fundamental importância para o estímulo à prática de atividades físicas por um modelo educativo que considere o jovem como protagonista desse processo, e não apenas como um sujeito passivo e submisso diante do modelo impositivo que normalmente verificamos nas escolas.

Nesse sentido, a necessidade de capacitar crianças e adolescentes pela acessibilidade às informações sobre a saúde é considerada aspecto

---

[3] Piaget (1978) considera quatro períodos no processo evolutivo da espécie humana que são caracterizados "por aquilo que o indivíduo consegue fazer melhor" no decorrer das diversas faixas etárias ao longo do seu processo de desenvolvimento: primeiro período: sensório-motor (0 a 2 anos); segundo período: pré-operatório (2 a 7 anos); terceiro período: operações concretas (7 a 11 ou 12 anos); quarto período: operações formais (11 ou 12 anos em diante).

fundamental para que possam exercer sua autonomia e refletir sobre a prática da atividade física, a fim de estabelecer conhecimentos suficientes para responder a interrogações diante da prática da atividade física, como: "Para que fazer?", "Por que fazer?", "Como fazer?", "Onde fazer?".

O *Posicionamento Oficial do Colégio Americano de Medicina Esportiva* para crianças e adolescentes ressalta que o papel principal na intervenção deve ser enfocado na acessibilidade a informações pelos alunos em relação ao reconhecimento do papel e valor da prática de atividade física para a vida das pessoas, valorizando a função educativa da Educação Física.

Por isso, reforça-se mais uma vez a importância dessa disciplina no processo educativo: apresentar a necessidade da prática da atividade física, não somente nas aulas, mas especialmente na tomada de consciência para o engajamento em atividades apropriadas fora da escola. Além disso, um programa de Educação Física na escola não pode subestimar a importância de fatores externos a esta.

Com base nas características predominantes de desenvolvimento na criança e no adolescente, Gallahue e Donnelly (2008) apontam alguns aspectos que devem ser destacados para a promoção da atividade física na escola:

- assegurar que os escolares sejam aceitos e valorizados, assim eles saberão que na escola têm um local estável e seguro;
- oferecer estímulo e reforço positivo ao desenvolvimento contínuo de um autoconceito positivo;
- ajudar a promover autoconfiança, expondo-os a experiências nas quais eles progressivamente tenham mais responsabilidade;
- ajudá-los a se ajustarem às adversidades do pátio da escola e da vizinhança sem serem rudes;
- apresentar atividades individuais, em duplas e em grupo, conforme aumenta a competência deles;

- proporcionar atividades que valorizem a interdisciplinaridade;
- debater situações de brincadeiras envolvendo tópicos como ter a vez, jogo justo, trapaça e ser bom em um esporte, visando estabelecer um conceito mais completo de "certo" e "errado";
- estimulá-los a pensarem antes de se envolverem em uma atividade;
- ajudá-los a reconhecer as chances potenciais como um meio de reduzir o comportamento descuidado que às vezes possuem;
- as crianças e os adolescentes devem ter oportunidade para participar de atividades de jogos da juventude, que são apropriadas a suas necessidades e a seus interesses.

Sobre o projeto de Educação Física a ser desenvolvido na escola baseado na perspectiva da Promoção da Saúde, Guimarães (2009) destaca alguns aspectos que devem ser respeitados:

- ser dinâmico e flexível, isto é, ter um modelo de planejamento coletivo, que pressuponha uma articulação constante e desafiadora, promovendo um processo de construção de novos saberes;
- ser abrangente, o que considera o conjunto das ações nos diversos campos de atuação, reconhecendo a diversidade de condições e potencialidades de cada indivíduo e dos grupos de ultrapassarem as barreiras na busca de novos horizontes, visando a alianças em favor da saúde;
- ser permeável, isto é, ser capaz de perpassar, transversalmente, todas as ações propostas e os programas do cotidiano escolar, bem como ser plural, reconhecendo as diversidades culturais, aspirações, expectativas e comprometimentos dos mais variados;

- ser pactuado, o que oportuniza estabelecimento de negociações e construção de consensos;
- favorecer a sustentabilidade, ou seja, prever estratégias para a continuidade das ações, considerando a importância de sua sistematização e regularidade.

As escolas e os professores não são os responsáveis exclusivos pela educação das crianças e dos adolescentes: cabe também à família, especialmente aos pais, estimular os jovens com práticas saudáveis. A influência dos pais em bons hábitos no dia a dia, tais como alimentação balanceada e controlada, descanso, atitudes positivas, prática de atividades físicas e comportamento preventivo poderá influenciar a qualidade do viver desses jovens, pois os pais são "espelhos" para seus filhos, e suas atitudes e ações influenciam de forma positiva ou negativa as escolhas dos menores. Por isso, bons exemplos devem vir de casa.

Elementos importantes para os pais:

- procurar conversar sobre todos os assuntos com os filhos;
- incentivar, estimular, apoiar o filho na prática de atividades físicas;
- não o obrigar a fazer aquilo que você gosta sem saber se ele gosta, por exemplo: tornar o seu filho um jogador de futebol porque você sempre teve o sonho de ser jogador, mas não teve oportunidade;
- dar-lhe escolhas de práticas de atividades físicas;
- saber que as atividades prazerosas são as melhores;
- reservar um tempo para participar com o seu filho de atividades simples do dia a dia, como jardinagem, brincadeiras, jogos, passeio com o cachorro, assistência nas tarefas da escola, entre outras.

Além da participação da família e da escola, é importante estimular os jovens a engajarem-se em programas educacionais para a prática de atividades físicas, ou seja, aqueles que proporcionam a atividade física de forma inclusiva e que estimulam o espírito de solidariedade, companheirismo e integração por meio de atividades criativas, dinâmicas e de caráter lúdico. Valendo-se disso, conscientemente, os jovens poderão escolher se querem ou não participar de escolinhas de rendimento nas modalidades esportivas, não fortalecendo a ideia de rendimento e especialização precoce.

Há a necessidade de políticas públicas que invistam em projetos educacionais que contemplem atividades físicas, esportivas, culturais e de lazer para a promoção da saúde das crianças e dos adolescentes. Considerando a perspectiva da Promoção da Saúde, as iniciativas de políticas públicas devem basear-se em ações que contemplam a questão do *empowerment* (Laverack e Labonte, 2000; Vasconcelos, 2004).

De acordo com Laverack e Labonte (2000), as iniciativas que trabalham na perspectiva do *empowerment* são consideradas com uma abordagem *bottom-up* – de baixo para cima – em contraposição aos programas verticais, *top-down* – de cima para baixo –, que são propostos com base numa perspectiva institucional, focalizados em questões ligadas à prevenção de doenças e a mudanças de comportamento. Já os programas de baixo para cima são iniciados baseando-se na visão e na percepção da comunidade, considerando um aumento na sua capacidade e em seu poder como importantes resultados para a melhoria da saúde, numa relação não impositiva e participativa.

1.3 Considerações finais

Nossa inquietação surgiu da constatação de que, apesar dos inúmeros benefícios biológicos e fisiológicos comprovados cientificamente que a prática regular da atividade física poderá proporcionar à criança e ao adolescente, esses conhecimentos não têm sido suficientes para estimular e mobilizar os jovens a praticarem a atividade física.

Dessa maneira, apresentamos reflexões sobre a prática de atividade física com base na perspectiva da Promoção da Saúde, abordagem que vai além do modelo preventivo tradicional, no qual a saúde é caracterizada como ausência de doenças e se estabelece uma relação causal entre a prática de atividade física e os benefícios para a saúde.

Na perspectiva da Promoção da Saúde, a atividade física para crianças e adolescentes se consolida por uma abordagem positiva de saúde em que a capacitação dos jovens é vista como o ponto crucial para que eles possam, pelo seu conhecimento, exercer a autonomia – considerada "peça-chave" da Promoção da Saúde – diante da prática da atividade física, numa abordagem educativa e democrática em que aspectos subjetivos são considerados.

Nosso posicionamento vem na direção da defesa da prática de atividade física para crianças e adolescentes entendida por uma perspectiva crítica, que relaciona atividade física e saúde com questões sociais mais amplas que impedem a tomada de decisões mais saudáveis pelos sujeitos, tais como aspectos culturais, sociais, econômicos, políticos e de características locais e regionais. Para tanto, é necessário que se faça preliminarmente uma análise do contexto de vida desses jovens e, subsequentemente, o enfrentamento dos determinantes de saúde. Atividade física não deve ser "receitada" de forma prescritiva e normativa.

1.4 REFERÊNCIAS

ACSM – AMERICAN COLLEGE OF SPORTS MEDICINE. *Aptidão física na infância e adolescência – Posicionamento Oficial do Colégio Americano de Medicina Esportiva*. Disponível em: <http://www.acsm.org/>. Acesso em: 10 jul. 2009.

BAGRICHEVSKY, M.; PALMA, A. Questionamentos e incertezas do estatuto científico da saúde: um debate necessário na educação física. *Rev. Edu. Fís. UEM*, v. 15, n. 2, p. 57-66, 2004.

BOUCHARD, C. *Atividade física e obesidade*. Barueri: Manole, 2003.

BRASIL. Ministério da saúde. *As cartas da promoção da saúde*. Brasília, 2002. Disponível em: <www.saude.gov.br/bvs/conf_tratados.html>. Acesso em: 15 abr. 2009.

_____. Ministério da Saúde. Secretaria de Políticas de Saúde; Projeto promoção da Saúde. *Declarações das conferências de promoção da saúde*. Brasília, 2001.

BUSS, P. M. Uma introdução ao conceito de promoção de saúde. In: CZERESNIA, D. *Promoção da saúde*: conceitos, reflexões, tendência. Rio de Janeiro: Fiocruz, 2003.

CARVALHO, F. F. B. Análise crítica da Carta Brasileira de Prevenção Integrada na Área da Saúde na Perspectiva da Educação Física através do enfoque radical de Promoção da Saúde. *Saúde e Sociedade*, São Paulo, v. 18, n. 2, p. 227-36, 2009.

CARVALHO, Y. M. Educação Física e saúde coletiva: uma introdução. In: LUZ, M. T. *Novos saberes e práticas em saúde coletiva*: estudos sobre racionalidades médicas e atividades corporais. 2. ed. São Paulo: Hucitec, 2005. p. 19-34.

CESCHINI, F. L.; JÚNIOR, A. F. Barreiras e determinantes para a prática de atividade física em adolescentes. *Rev. Bras. Ciênc. Mov.*, v. 15, n. 1, p. 29-36, 2007.

CZERESNIA, D. O conceito de saúde e a diferença entre prevenção e promoção. In: _____. *Promoção da saúde:* conceitos, reflexões, tendência. Rio de Janeiro: Fiocruz, 2003.

DAMICO, J. G. S. Das possibilidades às incertezas: instrumentos para intervenção do profissional de Educação Física no posto de saúde. In: FRAGA, A. B.; WACHS, F. *Educação física e saúde coletiva*: políticas de formação e perspectivas de intervenção. 2. ed. Porto Alegre: Editora da UFRGS, 2007. p. 73-86.

FARIAS JÚNIOR, J. C.; SILVA, K. S. Sobrepeso/obesidade em adolescentes escolares da cidade de João Pessoa – PB: prevalência e associação com fatores demográficos e socioeconômicos. *Rev. Bras. Med. Esporte*, v. 14, n. 2, p. 104-8, 2008.

FARINATTI, P. T. V. Anatomia referenciada à saúde: modelos e definições. *Motus Corporis*, v. 7, n. 1, p. 9-45, 2000.

FARINATTI, P. T. V.; FERREIRA, M. S. *Saúde, Promoção da Saúde e Educação Física*: conceitos, princípios e aplicações. Rio de Janeiro: UERJ, 2006.

FERREIRA, M. S. Aptidão física e saúde na Educação Física Escolar: ampliando o enfoque. *Rev. Bras. Ciênc. Esporte*, v. 22, n. 2, p. 41-54, 2001.

FLEURY-TEIXEIRA, P. et al. Autonomia como categoria central no conceito de promoção de saúde. *Ciênc. Saúde Col.*, v. 13, n. 2, p. 2115-22, 2008.

FREIRE, P. *Pedagogia da autonomia*. 30. ed. São Paulo: Paz e Terra, 1996.

GALLAHUE, D.; DONNELLY, F. C. *Educação Física Desenvolvimentista para todas as crianças*. 4. ed. São Paulo: Phorte, 2008.

GEREZ, A. A. *A prática pedagógica em Educação Física para idosos e a Educação para a Saúde*: um olhar sobre o Projeto Sênior para a Vida Ativa – USJT. 2006. 270 f. Dissertação (Mestrado em Educação Física) – Universidade São Judas Tadeu, São Paulo, 2006.

GUIMARÃES, C. C. P. A. *Educação Física Escolar e Promoção da Saúde*: uma pesquisa participante. 2009. Dissertação (Mestrado em Educação Física) – Universidade São Judas Tadeu, São Paulo, 2009.

HALLAL, P. C. et al. Early Determinants of Physical Activity in Adolescence: Prospective Birth Cohort Study. *BMJ Journals*, v. 332, p. 1002-7, 2006.

HALLAL, P. C. et al. Adolescent Physical Activity and Health. A Systematic Review. *Am. J. Sports Med.*, v. 36, n. 12, p. 1019-30, 2006.

LAVERACK, G.; LABONTE, R. A Planning Framework for Community Empowerment Goals Within Health Promotion. *Health Policy Plan.*, v. 15, n. 3, p. 255-62, 2000.

MATSUDO, V. K. R. et al. "Construindo" saúde por meio da atividade física em escolares. *Rev. Bras. Ciênc. Mov.*, Brasília, v. 11, n. 4, p. 111-8, 2003.

OMS – ORGANIZAÇÃO MUNDIAL DA SAÚDE. Preamble to the Constitution of the World Health Organization as Adopted by the International Health Conference, New York, 19-22 June, 1946; signed on 22 July 1946 by the representatives of 61 States. *Official Records of the World Health Organization*, n. 2, p. 100 and entered into force on 7 April 1948. Disponível em: <http://www.who.int/about/definition/en/>. Acesso em: 11 ago. 2009.

PEREIRA LIMA, V. L. G. et al. Análise da eficácia de programas sociais de promoção da saúde realizados em condições macroestruturais adversas. *Ciênc. Saúde Col.*, v. 9, n. 3, p. 679-96, 2004.

PIAGET, J. *A epistemologia genética/sabedoria e ilusões da Filosofia/Problemas de psicologia genética*. São Paulo: Abril Cultural, 1978.

SILVA JÚNIOR, A. P. et al. Autonomia e Educação Física: uma perspectiva à luz do ideário da Promoção da Saúde. *Conexões*, v. 4, n. 1, p. 15-33, 2006.

SILVA, R. C. R.; MALINA, R. M. Nível de atividade física em adolescentes do Município de Niterói, Rio de Janeiro, Brasil. *Cad. Saúde Pública*, v. 16, n. 4, p. 1091-7, 2000.

VASCONCELOS, E. M. *O poder que brota da dor e da opressão*: empowerment, sua história, teorias e estratégias. Rio de Janeiro: Paulus, 2004.

VASQUES, D. G.; SILVA, K. S.; LOPES, A. S. Aptidão cardiorrespiratória de adolescentes de Florianópolis, SC. *Rev. Bras. Med. Esporte*, v. 13, n. 6, p. 376-80, 2007.

VASQUES, D. G.; LOPES, A. S. Fatores associados à atividade física e aos comportamentos sedentários em adolescentes. *Rev. Bras. Cineantrop. Desemp. Hum.*, v. 11, n. 1, p. 59-66, 2009.

VELARDI, M. *Pesquisa e ação em Educação Física para idosos*. 2003. 218 f. Tese (Doutorado em Educação Física) – Faculdade de Educação Física, Universidade Estadual de Campinas, Campinas, 2003.

WANG, Y.; MONTEIRO, C.; POPKIN, B. M. Trends of Obesity and Underweight in Older Children and Adolescents in the United States, Brazil, China, and Russia. *Am. J. Clinic. Nutr.*, v. 75, n. 6, p. 971-7, 2002.

Fundamentos da avaliação física   2

Evandra Hein Mendes | Kenji Fuke | Paulo Henrique Santos da Fonseca

A prática contínua de avaliação física tem sido por muito tempo uma área fundamental de discussão nos programas de graduação e pós-graduação em Educação Física e Ciências do Esporte. Na atualidade, contudo, os conhecimentos aplicados na avaliação física são considerados essenciais para a preparação de profissionais que aspiram às carreiras de professores de Educação Física Escolar e técnicos esportivos.

Saber administrar variedades de instrumentos e interpretá-los, considerando o seu contexto, é o que se espera de profissionais em uma avaliação física.

A avaliação física está sendo empregada na busca de informações e/ou classificações, assim como para desenvolver melhores análises das consequências tanto de aulas como de treinamentos, dando particular atenção ao desenvolvimento do ser humano por meio da determinação dos índices de Aptidão Física Geral.

Diferentes variáveis são consideradas para a realização de uma boa avaliação física: antropométricas, posturais, metabólicas, neuromusculares, nutricionais e psicológicas. Além disso, uma avaliação completa e que alcance os objetivos propostos deve utilizar protocolos específicos quanto à idade, ao sexo, à raça, à nacionalidade e à modalidade esportiva. Isso porque esses protocolos devem fornecer dados quantitativos e qualitativos para o avaliador ter informações reais sobre a situação em que se encontram os avaliados.

Sendo assim, o presente capítulo tem como objetivo auxiliá-lo a entender os conceitos da avaliação e interpretar as avaliações no contexto educacional e de clubes e academias que os jovens frequentam.

2.1 AVALIAÇÃO: CONCEITOS

A avaliação de uma forma geral vem passando por diferentes conceituações através dos tempos nas mais diversas áreas, que enfatizam por vezes a dimensão medida, ou, então, o aspecto de julgamento, juízo de valor, ou, ainda, premiam as duas posições.

Segundo Gallahue e Donnelly (2008), a avaliação é um processo importante de qualquer programa de Educação Física, porque ajuda os professores a medirem o nível presente da capacidade dos alunos, o progresso destes e sua eficácia no ensino.

Na área educacional, especialmente no que se refere à Educação Física, a mensuração e a análise do desempenho físico foram, por longa data, preocupações e objetos de estudo influenciados pelo desenrolar de sua trajetória histórica enquanto área de conhecimento.

De fato, o enfoque avaliativo mais tradicional e que se constituiu ao longo do tempo, na opinião de Rios e Alsina (2002), foi o psicométrico, cujo propósito era efetivar um processo de medição válido de algum tipo de característica física, psíquica ou comportamental.

Após 1920, na percepção de Mathews (1986), o uso de testes, medidas e instrumentos de avaliação foi muito difundido. Primeiramente, a ênfase foi relacionada à antropometria e, logo após a resistência, à finalidade estética, à habilidade esportiva, à classificação (habilidade), ao ajustamento pessoal e social, à aptidão cardiovascular, ao conhecimento e à aptidão motora.

Um teste é uma metodologia ou um instrumento utilizado para fazer uma medida em particular. O teste pode ser escrito, oral, um aparelho mecânico (por exemplo, um cicloergômetro), fisiológico, psicológico ou ter outras variações (Morrow et al., 2003). Existe mais de um teste para medir o mesmo atributo; um exemplo são os testes de 9 minutos e PACER que medem o desempenho aeróbico e estão descritos no Capítulo 3. A escolha de um dos testes dependerá dos objetivos da avaliação e das possibilidades de aplicação.

Na intenção de compreender avaliação como medida, Thorndike e Hagen (apud Sant'anna, 1993), conceituam-na como um processo de "descrever algo em termos de atributos selecionados e julgar o grau de aceitabilidade do que foi descrito".

Ainda sob essa perspectiva, Bradfield e Moredock (apud Sant'anna, 1993) sugerem que "avaliar significa atribuir um valor a uma dimensão mensurável do comportamento em relação a um padrão de natureza social ou científica".

A medida se sustenta por meio dos critérios de cientificidade definidos como validade, fidedignidade, objetividade e liberdade de tendências (Tritschler, 2003).

Quadro 2.1 – Critérios de cientificidade

Validade	Refere-se à veracidade de um teste.
Fidedignidade	Refere-se à consistência de um teste.
Objetividade	Refere-se à exatidão do resultado do teste quando utilizado por diferentes avaliadores.
Liberdade de tendência	Refere-se à imparcialidade do teste.

Em contrapartida, com o intuito de conceituar avaliação, à luz da dimensão de juízos de valor, Brighenti (apud Dalmás, 1994) considera que

> a avaliação busca confrontar os resultados desejados com os alcançados, para analisar as causas dos acertos e dos desvios ocorridos. Consiste em detectar as falhas da organização e de emprego de recursos, a falta de adaptação à realidade, bem como a falha das políticas e das estratégias.

De acordo com Marins e Giannichi (1998),

> pensar que a avaliação é o ato final do julgamento e não um meio para se observar o progresso algumas vezes é um engano. Outro conceito errôneo é pensar em avaliação como sendo sinônimo de medida, que na realidade é apenas uma parte do processo de avaliação. Em geral conceitua-se teste como um instrumento, procedimento ou técnica para se obter uma informação, medir como um processo de coleta de informações obtidas pelo teste, onde é atribuído um valor numérico aos resultados e avaliar como a determinação da importância e valor da informação coletada, comparando com algum padrão e refletindo sobre as metas e objetivos.

Da mesma forma, para Mathews (1986), medição e avaliação consistem em um meio para determinado fim, e não um fim em si mesmas. O objetivo da medição, segundo o próprio autor, é avaliar os efeitos da instrução à luz de resultados educacionais e a extensão em que os objetivos são satisfeitos. Sendo assim, o processo de avaliação emprega medidas na aquisição de informação para determinar o grau em que metas educacionais estão sendo alcançadas.

Na opinião de Kirkendall et al. (1980 apud Marins e Giannichi, 1998), avaliar consiste em um ato muito mais amplo do que simplesmente testar e medir, é uma tomada de decisão partindo do todo que é o indivíduo, e os resultados devem ser interpretados considerando-se os aspectos social, mental, físico e psicológico.

Considerando as definições já citadas, o ato de avaliar pode ser entendido como um posicionar-se constante diante do realizado, confrontando-o com o desejado. Para tanto, torna-se necessário valer-se do planejamento para agir na realidade sobre a qual se planejou, para ser posteriormente avaliada novamente. A avaliação deve oferecer informações para processar a melhoria do planejamento na óptica da eficiência.

As discussões atuais apontam para a compreensão mais abrangente das funções da avaliação, visto que esta não se restringe somente a classificar os alunos conforme seu desempenho, mas oferece possibilidades também para diagnosticar e prognosticar, tanto em relação às competências e habilidades, como ao próprio processo de ensino-aprendizagem dos alunos no âmbito escolar, dos atletas nos clubes ou ainda dos participantes de programas de treinamento físico em academias.

2.2 INTERPRETAÇÃO DA AVALIAÇÃO

A avaliação é interpretada tanto de forma qualitativa como de forma quantitativa, pela comparação do resultado com diretrizes ou padrões, a fim de se fazerem julgamentos sobre algum aspecto do jovem e/ou de se tomarem decisões apropriadas sobre o curso de uma ação. Segundo Tritschler (2003), o processo de avaliação utiliza um dos três sistemas de referências que são conhecidos como: referenciada à norma, referenciada a critério e referenciada a si próprio.

A *avaliação referenciada à norma* permite a detecção de diferenças entre o jovem e uma população similar. Essa avaliação significa que o resultado de uma pessoa em um teste pode ser comparado aos resultados de pessoas similares que tenham sido submetidas ao mesmo teste. As normas para a bateria de teste do PROESP, apresentadas no Capítulo 3 para a avaliação da aptidão física de jovens, são um exemplo.

A interpretação da *avaliação referenciada a critério* exige a comparação do desempenho de um jovem com o critério padrão pré-estipulado. Como exemplo, retomamos a bateria de testes do PROESP, demonstrada no Capítulo 3. Esta considera como critério para ser um talento motor jovens que alcancem valor de percentil ≥ 98. Teoricamente, não há limites para o número de jovens que podem alcançar suficiência em uma avaliação referenciada a critério. De fato, se avaliarmos a seleção brasileira juvenil de ginástica artística, há uma probabilidade de quase 100% de todas as atletas alcançarem o critério padrão no teste de sentar e alcançar (teste utilizado para avaliação da flexibilidade) do PROESP. Se o mesmo teste, porém, for aplicado a alunas escolares, poucas serão as meninas a alcançar o critério padrão.

O último dos processos é a *avaliação referenciada a si próprio*. A interpretação apropriada de um teste, às vezes, requer a comparação dos resultados do teste de um jovem com um resultado obtido anteriormente por ele ou em diferentes condições. Essa comparação permite analisar a melhora ou a piora em um único indivíduo. Especialmente no período da puberdade, em que os efeitos da maturação e do crescimento podem influenciar o desempenho da aptidão física, as avaliações referenciadas a norma e a critério podem disfarçar o potencial de desempenho para determinada aptidão física, assim, a utilização da avaliação referenciada a si próprio é um ótimo procedimento a ser utilizado pelos educadores físicos no ambiente escolar ou nos clubes e nas academias. Quando relacionada à época em que é realizado o teste, o educador físico pode utilizar-se de três tipos de avaliação: diagnóstica, formativa e somativa.

A *avaliação diagnóstica* constitui-se em uma análise dos pontos fortes e fracos do indivíduo, do grupo ou da equipe, quando comparados a uma determinada característica. Essas avaliações são realizadas no início dos programas de aulas ou treinamentos ajudando os avaliadores a computar as deficiências dos avaliados e a preparar o plano de atividades, tendo como objetivo melhorar essas deficiências.

A *avaliação formativa* auxilia na evolução dos sujeitos, no transcorrer do processo ensino-aprendizagem, oferecendo elementos tanto para os avaliados quanto para os avaliadores, mostrando aos profissionais se estão conseguindo atingir os objetivos de modo correto e no tempo certo.

Esse processo avaliativo é utilizado quase diariamente, quando o desempenho do indivíduo é obtido, analisado e, em seguida, é feita uma retroalimentação, assinalando e melhorando os pontos fracos até alcançar os objetivos propostos.

A *avaliação somativa* é realizada ao final de um programa e tem como objetivo dar uma visão geral, de modo concentrado, dos valores e das competências adquiridos no processo de ensino-aprendizagem. É a adição de todas as avaliações realizadas no fim de cada unidade do planejamento escolar ou programa de treinamento, com o objetivo de obter um quadro geral da evolução do indivíduo.

2.3 Princípios das avaliações

Uma metodologia de avaliação, para ser bem-realizada, deve seguir princípios fundamentais durante todo o processo para a obtenção de sucesso. Esses princípios são:

1. Avaliação contínua e sistemática – tem de ser contínua e planejada, sendo integrada ao processo de ensino-aprendizagem.

2. Avaliação funcional – realizada em função dos objetivos propostos.

3. Avaliação integral – interpretação dos resultados, deve ser feita em relação ao indivíduo (aspectos físico, psicológico, técnico, tático, nutricional e social).

4. Avaliação orientadora – visa orientar o indivíduo para que este atinja, pelo processo de ensino-aprendizagem, os objetivos propostos.

5. Avaliação especializada – a realização das avaliações deve ser feita por profissionais devidamente treinados para tal.

6. Avaliação validada, fidedigna e objetiva – as avaliações utilizadas devem ser as mais específicas possíveis, refletindo as situações da realidade do grupo investigado.

2.4 Avaliação: funções e objetivos

Em qualquer ambiente de atuação profissional (escola, clube, academia), a avaliação está presente em todos os momentos do processo de ensino ou no desenvolvimento de programas de treinamento, já que, de acordo com Sant'anna (1995), ela possibilita, em um primeiro momento, diagnosticar, para que, valendo-se, seja possível prognosticar, com o intuito de planejar novos dispositivos didáticos que influenciem o desempenho futuro.

Ainda conforme a autora, as funções gerais da avaliação são: fornecer as bases para o planejamento, possibilitar a seleção e a classificação de pessoal (professores, treinadores, alunos, atletas etc.), facilitar o diagnóstico, melhorar a aprendizagem e o ensino, estabelecer situações individuais de aprendizagem, interpretar os resultados e promover.

Na área da Educação Física, a diversidade de ambientes em que os profissionais podem atuar é muito grande, por isso, quando se discute sobre avaliação, é preciso considerar em um primeiro momento a que público ela se refere (crianças, jovens, adultos, idosos), assim como os objetivos do processo avaliativo, que geralmente sofrem influência do ambiente de atuação (escola, clube, academia).

De fato, em escolas, clubes ou academias, a avaliação ainda se caracteriza como um ato ou processo que provoca muita reflexão entre os profissionais que a desenvolvem de acordo com suas necessidades e expectativas. Apesar de existirem semelhanças no que diz respeito aos pressupostos teóricos que a embasam conceitualmente, na prática cotidiana predominam as diferenças, especialmente dos objetivos e das funções dos processos avaliativos desenvolvidos em cada um dos ambientes, pois na escola o enfoque principal está no processo de ensino-aprendizagem de conteúdos específicos e nas dimensões cognitiva, atitudinal e motora. Já no que se refere a clubes ou instituições que desenvolvem programas esportivos ou de iniciação ao esporte, a ênfase está nas dimensões técnica e motora. Nas academias ou em instituições que promovem o desenvolvimento de programas de treinamento voltados para a saúde ou ainda para a *performance*, a preocupação central está na dimensão física.

Na escola, especificamente na disciplina Educação Física, o processo de avaliação sofreu intensas mudanças, que em geral acompanharam as tendências ou abordagens de ensino e que contribuíram para que houvesse constantes discussões sobre esse componente do processo maior que é o de ensino-aprendizagem.

Na tendência tradicional de ensino e de avaliação da Educação Física, os professores utilizavam os testes físicos, técnicos e motores com o intuito exclusivo de atribuir notas ou conceitos aos alunos, e a interpretação do docente concentrava-se no desempenho do aluno apenas no teste, ou seja, no produto final.

Nos dias atuais, nas tendências críticas de ensino e avaliação, o que se preconiza é a compreensão do processo de evolução dos alunos; dessa maneira, os testes físicos, motores ou técnicos podem ser utilizados com o intuito de fornecer ao aluno e ao professor um diagnóstico permanente do processo de ensino-aprendizagem, isto é, a avaliação consiste mais em um meio do que em um fim em si.

A aplicação desses testes, conforme Darido (1999), era mecânica, descontextualizada e aleatória. Os professores não explicavam para os alunos os objetivos da aplicação dos testes, tampouco havia vinculação entre os testes e o programa que era desenvolvido ao longo do ano. Os objetivos dos testes eram vinculados à proposta de avaliar a aptidão física, enquanto o conteúdo hegemônico das aulas era a aprendizagem dos esportes.

A realização e a utilização dos testes apenas como instrumento de medir, comparar e rotular as pessoas podem gerar situações de constrangimento entre os alunos, desenvolvendo certa resistência à avaliação da aprendizagem. Todavia, a aplicação dos testes ou instrumentos avaliativos será extremamente válida quando o intuito for identificar progressões ou regressos dos alunos em relação aos conteúdos abordados pelos professores na prática cotidiana da Educação Física. A comparação pode ocorrer, mas apenas com eles mesmos, e não com a turma ou com padronizações mais gerais (nacionais ou internacionais).

No que se refere ao desenvolvimento do processo de avaliação da aprendizagem nas aulas de Educação Física na atualidade, alguns estudos realizados por Mendes (2005), Mainard (2003), Stockhausen (2006) e Tessari (2006) apontaram que os professores de Educação Física possuíam intenções de realizar mais avaliações qualitativas do que quantitativas, utilizando com menor ênfase testes padronizados que analisam o rendimento físico e técnico, os aspectos motores, ou ainda os cognitivos, que, em geral, analisam apenas o produto ou o resultado, desconsiderando o processo de construção e evolução do conhecimento do aluno.

Da mesma forma, conforme, Darido (1999), Farias et al. (2002), Brati-fische (2003) e Mendes (2005), os professores de Educação Física preocu-pam-se mais em analisar a dimensão atitudinal dos alunos, como a partici-pação nas aulas, o comportamento, a assiduidade, o respeito, a disciplina, o relacionamento social, o cuidado com o material, a vestimenta adequada e o interesse nos conteúdos.

A análise da dimensão atitudinal caracteriza-se, segundo Souza (1993), por informalidade e pouca consistência, já que é realizada geralmente ape-nas por meio da observação do professor. A técnica de observação é con-siderada uma estratégia de avaliação altamente subjetiva, especialmente porque a atuação dos alunos é interpretada apenas do ponto de vista do professor, que possui seus próprios valores e concepções, muitas vezes di-ferentes daqueles que os alunos possuem.

Além disso, os dados ou as informações subjetivas precisam ser transformados em uma nota, o que é totalmente objetivo, gerando con-flitos entre professor e aluno sobre o conceito final, pois muitas vezes o aluno não compreende de onde surgiu e como se chegou a ele, diferen-temente de uma avaliação teórica ou prática com protocolo de análise e comparação.

A utilização desse aspecto como o único a ser considerado pelo pro-fessor no processo de avaliação dificulta o alcance do objetivo ou da função principal da avaliação, que é identificar a evolução, os avanços e as resistências da aprendizagem dos conteúdos pelos alunos. Esse fato demonstra de algu-ma forma o desconhecimento dos professores sobre as funções da avaliação no processo de ensino-aprendizagem, causado muitas vezes pelo despreparo profissional, ou ainda pela falta de discussões e pelas trocas de experiências sobre o tema.

O fato de os professores de Educação Física Escolar utilizarem menos estratégias quantitativas e privilegiarem as qualitativas já pode ser caracte-rizado como uma evolução da compreensão do processo de avaliação, pois, na maioria das vezes, segundo Fensterseifer (1998), Baggio (2000) e Mendes (2005), entre outros, eles próprios foram avaliados de forma classificatória e excludente nas aulas de Educação Física e no curso de graduação, que privilegiavam os mais habilidosos em detrimento daqueles com níveis mais baixos de desempenho físico e técnico.

No que se refere aos clubes ou às instituições que desenvolvem programas de treinamento esportivo ou ainda voltados à promoção da saúde, o processo de avaliação vem se aperfeiçoando e evoluindo a cada dia que passa com o auxílio da tecnologia, que torna possível a elaboração de *softwares*, testes e equipamentos cada vez mais modernos, precisos e fidedignos para analisar especialmente a dimensão técnica e a física.

A avaliação das dimensões técnica e física envolve a utilização de medidas, que permitem exprimir julgamentos, posicionamentos, bem como comparar utilizando-se de critérios ou normas. Além disso, especialmente na dimensão física, é possível traçar o perfil do aluno, avaliando o nível de condicionamento físico atual, bem como determinar objetivos para o indivíduo avaliado e, assim, preparar o programa adequado às suas condições e limitações.

No ano de 2007, os professores Adroaldo Gaya e Gustavo Silva elaboraram um manual de aplicação de medidas e testes, normas e critérios de avaliação, voltados à análise do comportamento de crescimento corporal, aptidão física, estado nutricional e indicadores de saúde de escolares brasileiros, descritos em maiores detalhes no Capítulo 3. Esse manual foi elaborado para atender o Projeto Esporte Brasil (PROESP), que objetivava fornecer apoio tanto para a Educação Física Escolar quanto para programas de treinamento voltados à promoção da saúde e do esporte, por meio da possibilidade de constituir-se num sistema de avaliação dos parâmetros de crescimento, do perfil nutricional e da aptidão física de crianças e jovens.

O manual apresenta indicadores da população brasileira; por esse motivo, acreditamos ser o mais indicado para ser adotado e utilizado pelos professores de Educação Física do Brasil. Os indicadores foram elaborados para medida da massa corporal, medida da estatura, medida do índice de massa corporal (IMC), medida da envergadura, teste de flexibilidade (sentar e alcançar), teste de flexibilidade (sentar e alcançar adaptado – sem banco), teste de força-resistência abdominal (*sit-ups*), teste de força explosiva de membros inferiores (salto horizontal), teste de força explosiva de membros superiores (arremesso da *medicine ball*), teste de agilidade (teste do quadrado), teste de velocidade de deslocamento (corrida de 20 metros) e teste de capacidade cardiorrespiratória (9 minutos).

Tendo como base a realização e a efetivação de um processo avaliativo em que foram selecionados os procedimentos, as estratégias e os instrumentos voltados a identificar o alcance de determinados objetivos, torna-se necessário interpretar os dados coletados ou resultados obtidos.

Além desses testes, diversos pesquisadores vêm debatendo sobre o que deve ser avaliado nos testes de condicionamento físico de crianças e adolescentes (Gallahue e Donnelly, 2008). Claramente são formados dois grupos, um que defende as avaliações voltadas à saúde e outro que adiciona componentes relacionados com a *performance* às avaliações direcionadas à saúde. Essa decisão deve estar relacionada às metas curriculares e aos planos e objetivos dos programas de atividade física e condicionamento propostos (Gallahue e Donnelly, 2008).

Diferentes programas de avaliação vêm sendo utilizados em diversos países com crianças e adolescentes no âmbito escolar. Entre esses programas destacam-se a bateria de testes da American Alliance for Health, Physical Education and Recreation – AAHPERD (1976), a bateria de testes da Canadian Association for Health, Physical Education and Recreation – CAHPER (1980), a bateria de Testes do Programa de Condicionamento Físico da ACMS (1996) e a bateria de testes Eurofit (1988).

2.5 Análise da avaliação para a população de crianças e adolescentes

As avaliações físicas durante a infância e a adolescência (período escolar) têm como base o emprego de diversos procedimentos que procuram acompanhar, minuciosamente, o progresso da criança e do adolescente. Sua metodologia incide na aplicação sistematizada e científica de técnicas de medidas que admitam avaliar, de forma qualitativa, os aspectos físicos, técnicos, nutricionais, psicológicos e as mudanças em relação ao tempo.

Essa etapa da avaliação (análise e interpretação dos resultados), para Piletti (2000), refere-se finalmente à realização de aferição dos resultados obtidos, que consiste em verificar se o que se pretendia foi alcançado, com fins de melhoria das ações do professor e do desempenho dos alunos. Nessa fase, a abordagem dos dados quantitativos precisa caracterizar-se qualitativamente, visto que há necessidade de reflexões sobre os resultados obtidos.

Em qualquer das etapas do processo de avaliação torna-se imprescindível que desde o princípio as reflexões se realizem em conjunto (professor/ treinador e aluno), para não influenciar negativamente a relação, já que a avaliação ao longo do tempo caracterizou-se como elemento de contradição e desavenças entre esses.

Os procedimentos utilizados pelos professores para avaliar, na opinião de Fensterseifer (1998), devem buscar o que para ele é importante e o que procura analisar no processo, pela escolha dos instrumentos que possam fornecer maior número de dados naquele sentido; da mesma forma, os dados mais significativos devem ser selecionados, elencando os critérios de satisfação e insatisfação com os resultados da análise.

Na opinião de Darido (1999), o problema da avaliação na Educação Física em ambiente escolar não está somente na escolha dos instrumentos de avaliação, mas, também, na concepção que cerca a sua utilização. Acrescentamos que esse problema também é uma realidade na prática da avaliação no contexto esportivo e de academia. Assim, pode-se pensar no uso de provas teóricas, trabalhos, seminários, avaliação de habilidades e atitudes por meio de gravação em videoteipe, observações sistemáticas, uso de fichas e emprego de testes de capacidades físicas. O problema não está no modo de coletar as informações, mas, sim, no sentido da avaliação, que deve ser de um contínuo diagnóstico das situações de ensino-aprendizagem.

Da mesma forma, Fensterseifer (1998) afirma que os resultados do processo avaliativo podem ser utilizados como fundamento para as novas ações educativas, de forma semelhante a um tratamento médico. Contudo, na opinião do mesmo autor, existe uma tendência de acomodação do professor em avaliar o aluno apenas em momentos especiais, com a elaboração de um grande instrumento, quase sempre provas, em detrimento da avaliação contínua no dia a dia. Nesse caso, a oportunidade de retornar aos conteúdos e objetivos que não foram alcançados se perde, interrompendo o processo de interação professor-aluno-conhecimento. Além disso, para Darido (1999), os alunos devem ser informados desde o início das aulas de por que, como, quando e de que modo estão sendo avaliados, e deverão participar oferecendo sugestões.

Em outros ambientes, como clubes e academias, o processo de avaliação também deve ser muito bem-esclarecido pelos professores/treinadores e pode servir como estímulo para o próprio programa de treinamento.

2.6 ÉTICA EM AVALIAÇÃO

A avaliação física pode ser uma ferramenta que auxilia o educador físico e o aluno a entender o comportamento de atributos medidos. O educador físico deve ter cuidado para que todo o procedimento de aplicação de teste e pós-avaliação não seja utilizado de forma incorreta.

Segundo Tritschler (2003), a avaliação não deve causar danos físicos e psicológicos; dessa forma, é necessário ter cuidado ao submeter jovens a testes que estes não sejam capazes de realizar, seja por condição física e psicológica, seja porque o ambiente não propicia a realização. Suponhamos uma turma na escola realizando um teste de corrida em um dia muito quente em um horário inapropriado. É bem possível que o organismo desses jovens sofra por resposta à carga oriunda da realização do teste.

Assim como os danos físicos, os psicológicos também devem receber atenção do educador físico. Deve-se ter cuidado ao comentar resultados obtidos por um aluno para isso não ser interpretado como um crítica severa. A avaliação ideal traz benefícios ao avaliado e não deve ser utilizada para puni-lo ou para negar-lhe oportunidade. Duas das maiores preocupações são a violação de privacidade e a da confidencialidade ao se revelarem os resultados dos testes. Lembre-se de que nenhum jovem quer ser envergonhado na frente de seus colegas. Modificações no ambiente onde são realizados os testes podem ser necessárias, especialmente nas medidas antropométricas (Capítulo 5), para permitir maior privacidade ao avaliado.

Tenha sempre em mente que o resultado de um teste não representa o valor pessoal de seu aluno, ou seja, alunos menos aptos não são menos esforçados ou dedicados que alunos que obtêm resultados mais expressivos. Esteja sempre disposto a responder dúvidas dos alunos e apresente uma posição profissional na discussão dos resultados.

2.7 REFERÊNCIAS

AAHPERD. *Youth Fitness Test Manual*. Washington: American Alliance for Health, Physical Education and Recreation, 1976.

ACSM – AMERICAN COLLEGE OF SPORTS MEDICINE. *Manual para teste de esforço e prescrição de exercício*. 4. ed. Rio de Janeiro: Revinter, 1996.

BAGGIO, I. C. *A prática curricular do CEFD/UFSM e o desenvolvimento das competências necessárias aos futuros professores de Educação Física para a promoção da autonomia em suas práticas pedagógicas*. 2000. Dissertação (Mestrado em Educação Física) – Universidade Federal de Santa Maria, Santa Maria, RS, 2000.

BELLONI, I. *Metodologia de avaliação em políticas públicas*: uma experiência em educação profissional. São Paulo: Cortez, 2000.

BRANCHER, E. A. *Estruturação da prática pedagógica dos professores do curso de graduação em Educação Física*: um estudo de caso. 2002. Dissertação (Mestrado em Educação Física) – Universidade Federal de Santa Catarina, Florianópolis, 2002.

BRASIL. Ministério da Educação e Cultura. *Parâmetros Curriculares Nacionais*, Brasília,1998.

BRATIFISCHE, S. A. Avaliação em Educação Física: um desafio. *Rev. Edu. Fís. UEM*, v. 14, n. 2, p. 21-31, 2003.

CAHPER. *The CAHPER fitness-performance II, Test Manual*. Vamer: Canadian Association for Health, Physical Education and Recreation, 1980.

CARMO, A. A. et al. Secretaria de Estado da Educação. *Caderno pedagógico de Educação Física*. Curitiba, 1987.

CHAUÍ, M. *Ideologia e Educação*. São Paulo: Cortez, 1980.

DALMÁS, A. *Planejamento participativo na escola*: elaboração, acompanhamento e avaliação. 5. ed. Petrópolis: Vozes, 1994.

DARIDO, S. C. Avaliação em Educação Física Escolar: das abordagens à prática pedagógica. In: SEMINÁRIO DE EDUCAÇÃO FÍSICA ESCOLAR, 5., 1999, São Paulo. *Anais...* São Paulo: Escola de Educação Física e Esportes da Universidade de São Paulo, 1999. p. 50-66.

EUROFIT. *Handbook for the EUROFIT Tests of Physical Fitness*. Rome: Edigraf, 1988.

FARIAS, G. O.; SHIGUNOV, V.; NASCIMENTO, J. V. O percurso profissional dos professores de Educação Física nas escolas. In: SHIGUNOV, V.; SHIGUNOV NETO, A. *Educação Física*: conhecimento teórico x prática pedagógica. Porto Alegre: Mediação, 2002.

FENSTERSEIFER, A. *Avaliação da aprendizagem no ensino superior*. Florianópolis: Editora UFSC, 1998.

GAYA, A.; SILVA, G. *Projeto Esporte Brasil. Manual de aplicação de medidas e testes, normas e critérios de avaliação*. Porto Alegre: PROESP-BR, 2007.

GALLAHUE, D. L.; DONNELLY, F. C. *Educação Física Desenvolvimentista para todas as crianças*. 4. ed. São Paulo: Phorte, 2008.

HOFFMANN, J. M. L. *Avaliação, mito e desafio*: uma perspectiva construtivista. 28. ed. Porto Alegre: Mediação, 2000.

JEDE, J. *Avaliação da ginástica nas séries iniciais do Ensino Fundamental, na sede e distritos do município de Santa Helena – Paraná*. 2008. Monografia (Graduação em Educação Física) – Universidade Estadual do Oeste do Paraná, Santa Helena, 2008.

JUSTEN, L. D. *Avaliação da dança nas séries iniciais do Ensino Fundamental, na sede e distritos do município de Santa Helena – Paraná*. 2008. Monografia (Graduação em Educação Física) – Universidade Estadual do Oeste do Paraná, Santa Helena, 2008.

LUCKESI, C. C. *Avaliação da aprendizagem escolar*: estudos e proposições. 6. ed. São Paulo: Cortez, 1997.

_____. A escola avalia ou examina? *ABC Educativo*, v. 3, n. 16, p. 30-3, 2002.

MAINARD, F. *Características do processo de avaliação implementado nas aulas de Educação Física no município de Santa Helena-PR*. 2003. 44 p. Monografia (Graduação em Educação Física) – Universidade Estadual do Oeste do Paraná, Santa Helena, 2003.

MARINS, J. C. B.; GIANNICHI, R. S. *Avaliação e prescrição de atividade física*: guia prático. 2. ed. Rio de Janeiro: Shape, 1998.

MATHEWS, D. K. *Medida e avaliação em Educação Física*. 5. ed. Rio de Janeiro: Guanabara, 1986.

MENDES, E. H. *Metamorfoses na avaliação em Educação Física*: da formação inicial à prática pedagógica escolar. 2005. Dissertação (Mestrado em Teoria e Prática Pedagógica em Educação Física) – Universidade Federal de Santa Catarina, Florianópolis, 2005.

MORROW, J. R. et al. *Medida e avaliação do desempenho humano*. Porto Alegre: Artmed, 2003.

NASCIMENTO, J. V. *A formação universitária em Educação Física*: uma abordagem sobre o ambiente percebido e auto-percepção de competência profissional de formandos brasileiros e portugueses. 1998. 367 f. Tese (Doutorado em Educação Física) – Faculdade de Ciências do Desporto e de Educação Física, Universidade do Porto, Porto, 1998.

NEISS, W. W. Avaliação do ritmo e expressividade nas aulas de Educação Física. Santa Helena, 2008. Monografia (Graduação em Educação Física) – Universidade Estadual do Oeste do Paraná, Santa Helena, 2008.

OLIVEIRA, A. A. B. Metodologias emergentes no ensino da Educação Física. *Rev. Ed. Fís. UEM*, v. 8, n. 1, p. 21-7, 1997.

ONOFRE, M. Educação Física sem avaliação: uma perversão consciente? *Bol. Soc. Port. Educ. Fís.*, v. 13, p. 51-9, 1996.

PERRENOUD, P. *Práticas pedagógicas, profissão docente e formação:* perspectivas sociológicas. Lisboa: Dom Quixote, 1993.

_____. *Avaliação:* da excelência à regulação das aprendizagens: entre duas lógicas. Tradução de Patrícia Chitoni Ramos. Porto Alegre: Artes Médicas Sul, 1999.

PILETTI, C. *Didática geral.* 23. ed. São Paulo: Ática, 2000.

RABELO, E. H. *Avaliação:* novos tempos, novas práticas. 2. ed. Petrópolis: Vozes, 1998.

RIOS, O. B. ; ALSINA, I. B. Estratégias de avaliação. In: LA TORRE, S.; RIOS, O. B. (Org.). *Curso de formação para educadores:* estratégias didáticas inovadoras. São Paulo: Madras, 2002.

SANT'ANNA, F. M. et al. *Planejamento de ensino e avaliação.* 7. ed. Porto Alegre: Sagra, 1993.

SANT'ANNA, I. M. *Por que avaliar? Como avaliar? Critérios e instrumentos.* 6. ed. Petrópolis: Vozes, 1995.

SCHUMACHER, F. I. A. *Avaliação em Educação Física no ensino fundamental (5ª a 8ª série)* em *Marechal Cândido Rondon.* 2007. Monografia (Especialização em Educação Física Escolar) – Universidade Estadual do Oeste do Paraná, Santa Helena, 2007.

SOUZA, N. P. Avaliação na Educação Física. In: VOTRE, S. (Org.). *Ensino e avaliação em Educação Física.* São Paulo: Ibrasa, 1993.

STOCKHAUSEN, M. A. *Avaliação em Educação Física:* um diagnóstico no município de Santa Helena. 2006. Monografia (Graduação em Educação Física) – Universidade Estadual do Oeste do Paraná, Santa Helena, 2006.

TESSARI, G. M. *Análise do processo de avaliação desenvolvido em aula de Educação Física no ensino fundamental de Marechal Cândido Rondon.* 2006. Monografia (Graduação em Educação Física) – Universidade Estadual do Oeste do Paraná, Marechal Cândido Rondon, 2006.

TRITSCHLER, K. *Medida e avaliação em Educação Física e Esportes*. Barueri: Manole, 2003.

WOGEL, E. *Avaliação da dimensão atitudinal em Educação Física*. 2008. Monografia (Graduação em Educação Física) – Universidade Estadual do Oeste do Paraná, Santa Helena, 2008.

ZABALA, A. *A prática educativa*: como ensinar. Porto Alegre: Artmed, 1999.

Aplicação de testes de aptidão física

3

Paulo Henrique Santos da Fonseca | Eneida Maria Troller Conte | Edilson Hobold

A expressão "aptidão motora" tornou-se popular durante a Segunda Guerra Mundial. Nessa época vários testes de aptidão motora foram criados e usados pelos serviços militares dos Estados Unidos da América (Mathews, 1980) e adotados no Brasil. Esses testes tinham como objetivo medir as aptidões motoras: cardiorrespiratória, velocidade, força, agilidade, flexibilidade e equilíbrio, as quais eram essenciais no cotidiano de um militar.

Com o passar dos anos, o termo aptidão motora foi sendo substituído por aptidão física, e os testes desenvolvidos passaram a ser aplicados no ambiente escolar, auxiliando primeiramente na detecção de possíveis talentos esportivos, e, a partir de 1980, relacionados com a saúde (Gutiérrez, 2007). Estudos têm revelado a existência de correlação entre falta de exercício físico, baixa aptidão física e certas doenças (obesidade, osteoporose, enfermidades cardiovasculares, alterações do metabolismo de glicídios e lipídios).

Define-se a aptidão física como a capacidade do indivíduo em desempenhar tarefas físicas diárias com eficiência sem se fatigar. No início dos anos 1980, a Associação Americana de Saúde, Educação Física, Esportes e Dança (AAHPERD) enfatizou a relação entre saúde e atividade física, e considerou que aptidão física é um contínuo de múltiplas características, que se estendem do nascimento à morte (Böhme, 2003).

A literatura apresenta uma série de baterias de testes (CAHPER – Canadá, HARO – Alemanha, ACHPER – Austrália, FITNESSGRAM – EUA) para mensurar a aptidão física. Essas baterias de testes são de origem tanto nacional como internacional; sua utilização varia conforme a população em que serão aplicadas, e principalmente de acordo com os objetivos para os quais são utilizadas (Kiss, 1987).

Define-se bateria de testes como um conjunto de testes relacionados, administrados em um intervalo de tempo específico, a fim de se obterem informações sobre um atributo multidimensional (Tritschler, 2003).

Gaya et al. (1998) apontam que, no estado atual do conhecimento científico, é possível, no paradigma da aptidão física, definir os conceitos, selecionar variáveis, propor testes e critérios de avaliação sob duas perspectivas principais: aptidão física referenciada ao rendimento esportivo e aptidão física referenciada à saúde.

Ao se analisar as baterias de testes que medem a aptidão física referenciada à saúde, comumente estão presentes os testes que mensuram resistência cardiorrespiratória, força/resistência muscular, flexibilidade e medidas antropométricas, no entanto, pode haver variações entre as baterias, e quando analisamos a aptidão física referenciada ao rendimento esportivo, além dos citados, são incluídos também os testes de agilidade, velocidade, equilíbrio e coordenação. As baterias de testes devem fazer parte de um correto programa a ser aplicado na população de crianças e jovens, independentemente do ambiente e dos objetivos para os quais essa população esteja se exercitando.

Docherty (1996) aponta que a avaliação da aptidão física em crianças e adolescentes tem por objetivos:

- desenvolver perfis que descrevam e entendam variações individuais dentro dos padrões/parâmetros normais de desempenho físico;

- avaliar o impacto dos fatores ambientais no crescimento e no desempenho físico;
- avaliar os efeitos da atividade física regular no crescimento e no desempenho físico;
- examinar o efeito do treinamento em crianças e adolescentes;
- monitorar potenciais lesões ocorridas baseando-se na participação em esportes de alto rendimento durante os anos da puberdade;
- entender a resposta aguda ao exercício de crianças e adolescentes em várias intensidades;
- monitorar a tendência secular.

Chamamos a atenção para os conceitos de saúde e rendimento esportivo não serem reduzidos ao de aptidão física, mas, sim, para incluir a aptidão física como um dos conteúdos relevantes nos programas de promoção do exercício físico (Gaya et al., 1998).

Neste capítulo será enfatizada a bateria de testes do PROESP-BR, que condiz com a realidade de crianças e jovens brasileiros entre 7 e 17 anos, podendo ser aplicada e interpretada pelo educador físico de forma clara, auxiliando-o em seu diagnóstico, na prescrição e na orientação do exercício físico.

3.1 ORIENTAÇÕES PARA A APLICAÇÃO DE UMA BATERIA DE TESTES

Aplicar uma bateria de testes exige que o educador físico tenha uma série de cuidados e planeje a sua realização. Devem-se seguir orientações relacionadas com as fases pré-teste, intrateste e pós-teste.

3.1.1 Fase pré-teste

- Analisar qual o objetivo da avaliação a ser realizada.
- Selecionar uma bateria de testes que possibilite alcançar o objetivo da avaliação – estimula-se o desenvolvimento de baterias de testes condizentes com a realidade da população avaliada.
- Discutir com as crianças/os adolescentes a necessidade da aplicação da bateria de testes – exposição breve sobre o que o teste mede, bem como sobre a necessidade de manter certo grau de aptidão são complementos essenciais e não devem ser omitidos.
- Descrição dos procedimentos e da forma de medir os resultados.
- De qual forma serão avaliados os alunos (exemplo, avaliação referenciada a norma, a si próprio ou a critério).
- Selecionar as tabelas que auxiliarão na interpretação dos resultados – será importante, se o educador físico adotar uma avaliação referenciada a norma, tiver cuidado na seleção das referências normativas adotadas. Referências de populações de gerações anteriores podem não representar a realidade atual dos jovens, pois já foi demonstrada uma tendência secular (ganho ou perda) para variáveis da aptidão física (Gonçalves, 2001), bem como a utilização de referências normativas estrangeiras deve ser feita com cautela, pois não se espera que o resultado de crianças brasileiras, que em certas regiões do país apresentam um estado de subdesenvolvimento humano e, em outras, de desenvolvimento, obtenham valores semelhantes às de países já desenvolvidos.
- Equipamentos a serem utilizados.
- Ordem de aplicação dos testes; caso a bateria de testes seja aplicada em um único dia, inicia-se com a avaliação da flexibilidade, depois potência, velocidade, agilidade e da força/resistência

muscular, completando os testes com a resistência cardiorrespiratória. Quando a bateria de testes for administrada em dois dias, no primeiro dia serão realizados os testes que possam ser aplicados em locais cobertos, associados com as capacidades motoras de flexibilidade, potência muscular, força e resistência muscular. No dia seguinte, os testes que devem ser realizados ao ar livre. Incluem-se a caminhada/corrida de curta e de longa distância. A sequência justifica-se em razão de as capacidades motoras de flexibilidade, potência, velocidade e agilidade serem mais bem-testadas no início de uma série de esforços físicos, seguidas por testes motores que envolvem força/resistência muscular, tendo em vista as implicações fisiológicas. Em relação aos testes de caminhada/corrida de longa distância, recomenda-se prolongado tempo para a recuperação, devendo ser administrada no final da sequência de testes motores de uma bateria (Guedes e Guedes, 2006).

- Análise do espaço físico para a aplicação dos testes.
- Distribuição dos grupos de alunos que serão avaliados.
- Desenvolvimento de ficha para coleta dos resultados: individual ou por grupos.
- Treinamento dos avaliadores.
- Treinamento dos próprios alunos, para auxiliarem na aplicação das baterias de testes.

3.1.2 FASE INTRATESTE

- Desenvolver mecanismos de segurança durante a aplicação dos testes.
- Orientação geral – organização do espaço e sequência dos testes a serem realizados.

- Orientação de cada um dos testes para os alunos – se possível, o educador físico deve realizar os testes indicando a execução correta.
- Ministrar aquecimento.
- Motivar os alunos para realizar os testes no máximo de desempenho.

3.1.3 Fase pós-teste

- Analisar os resultados em conjunto com variáveis que auxiliem para uma interpretação dos resultados, especialmente *status* de maturação e indicadores de comportamento de risco: tabagismo, dietas hipercalóricas e sedentarismo.
- Apresentação dos resultados aos alunos – individual ou em grupo.
- Discussão dos resultados com os alunos.
- Tabulação dos resultados.
- Desenvolver normas para o grupo analisado; no entanto, é necessário ter cuidado quando adotado esse procedimento. Safrit (1995) complementa essa discussão colocando que geralmente as normas são expressas em percentis e cita as seguintes características:
  - dependem de escores fixos usados para estabelecê-las;
  - tabelas de normas não são apropriadas para avaliar escores individuais por não usarem a média do grupo para classe ou faixa etária;
  - ao se definir um determinado percentil como parâmetro adequado, pode-se favorecer a criação de uma falsa expectativa entre os avaliados, podendo subestimá-los ou superestimá-los.

- Desenvolver critérios de avaliação; Cureton e Warren (1990) apresentaram as vantagens e limitações dos padrões de avaliação referenciados por critério. Dentre as vantagens se destacam:
  - são testes com um padrão de rendimento predeterminado e estão relacionados com um domínio específico de um comportamento desejável;
  - representam um desejável e absoluto nível de atributo ou critério de desempenho como padrão;
  - fornecem informações diagnósticas específicas, individuais sobre aquele padrão de rendimento que está ou não adequado;
  - o principal propósito desses testes é categorizar os indivíduos em um grupo baseado nos padrões.
- Os mesmos autores apresentam as seguintes limitações:
  - relacionadas ao fato de os critérios serem arbitrários;
  - quanto à classificação dos resultados, são demasiadamente severos;
  - quanto ao desconhecimento dos padrões básicos adotados para a sua construção, desconhecendo consequentemente a dimensão para a qual eles foram estabelecidos;
  - o não oferecimento de incentivo para a melhora do nível de aptidão daqueles sujeitos que já possuem uma alta aptidão física.
- Desenvolver gráficos e mensagens com os resultados que motivem os alunos a se engajarem ou permanecerem em programas de exercício físico.
- Desenvolver arquivos (físicos e digitais) em que possam ser armazenados os resultados dos testes, possibilitando um comparativo dos resultados dos alunos ao longo dos anos, especialmente no ambiente escolar.

3.2 Bateria de testes

A bateria de testes do Projeto Esporte Brasil (PROESP) foi selecionada para ser apresentada neste capítulo por se tratar de uma proposta nacional que vem sendo utilizada em diversos estudos e que atende as necessidades do educador físico.

O título, Projeto Esporte Brasil, é uma homenagem ao doutor Maurício Leal Rocha, que, na década de 1970, iniciou um projeto nacional de avaliação da aptidão física – Projeto Brasil (Gaya, 2008).

O PROESP-BR é um projeto que se desenvolve prioritariamente no contexto da Educação Física Escolar. Nesse espaço de intervenção, o PROESP-BR tem por objetivo geral delinear o perfil somatomotor, dos hábitos de vida e dos fatores de aptidão motora em crianças e adolescentes na faixa etária entre 7 e 17 anos, tendo em vista desenvolver indicadores para a constituição de políticas de Educação Física e esportes para crianças e jovens no Brasil.

O PROESP-BR propõe a realização de uma avaliação das crianças e dos jovens em três níveis distintos, porém complementares: 1) crescimento e desenvolvimento somatomotor na promoção da saúde; 2) aptidão física referenciada à saúde; 3) aptidão física referenciada ao desempenho motor e detecção de talentos motores (Projeto Esporte Brasil, 2008).

Por tratar de valores normativos referentes à população de crianças e jovens brasileiros, é pertinente considerar a bateria de testes do PROESP-BR como principal metodologia de avaliação da aptidão física a ser utilizada pelo educador físico no contexto nacional. No entanto, no próprio material didático do PROESP-BR é apontado que, por motivo de o Brasil ser um país com dimensões continentais, não é possível definir critérios únicos no interior de toda a nossa extensão territorial.

Assim, ao tratarmos de avaliação da aptidão física em nosso país, devemos levar em consideração as especificidades da região. Sugerimos ao leitor realizar uma consulta à página na internet do Projeto Esporte Brasil (<http://www.proesp.ufrgs.br/institucional/index.php>).

3.2.1 Descrição dos testes

A seguir estão as descrições de cada um dos testes separados pela aptidão física. Destacamos que as orientações relativas a medidas de massa corporal, estatura, envergadura e determinação do índice de massa corporal encontram-se detalhadas no Capítulo 5.

Quadro 3.1 – Relação de testes da bateria PROESP-BR

Variáveis	Testes	Área de intervenção
Massa corporal	Balança	Relacionada à saúde
Estatura	Estadiômetro ou trena métrica	Relacionada ao rendimento esportivo
Envergadura	Trena métrica	Relacionada ao rendimento esportivo
Índice de massa corporal	Massa corporal/ estatura^2 (kg/cm^2)	Relacionada à saúde
Flexibilidade	Sentar e alcançar	Relacionada à saúde
Força/resistência abdominal	Exercício abdominal	Relacionada à saúde
Força de membros inferiores	Salto em distância horizontal	Relacionada ao rendimento esportivo
Força de membros superiores	Arremesso do *medicine ball*	Relacionada ao rendimento esportivo
Agilidade	Quadrado	Relacionada ao rendimento esportivo
Velocidade	Corrida de 20 metros	Relacionada ao rendimento esportivo
Resistência aeróbia	Correr/andar 9 minutos e "vaivém"	Relacionada à saúde

Fonte: Gaya e Silva, 2007.

3.2.1.1 Flexibilidade

Teste de sentar e alcançar

Objetivo: determinar o índice de flexibilidade apresentado pelo avaliado na região do quadril e da coluna lombar associado aos músculos posteriores da coxa.

Equipamentos: uma caixa de madeira especialmente construída apresentando dimensões de 30,5 x 30,5 cm, tendo a parte superior plana com 56,5 cm de comprimento, na qual é fixada uma escala de medida, e o valor 23 cm coincide com a linha onde o avaliado deverá acomodar seus pés.

Procedimentos: o avaliado deverá estar descalço e assumir a posição de frente para o aparelho com os pés encostados contra a caixa. O avaliador deverá apoiar os joelhos do avaliado na tentativa de assegurar que permaneçam estendidos. As mãos devem ser colocadas uma sobre a outra com as palmas para baixo em contato com a escala, procurando alcançar a maior distância possível; o movimento deve ser realizado de modo lento e deslizante. São realizadas três tentativas pelo avaliado e, em cada oportunidade, a distância alcançada deverá ser mantida por aproximadamente 1 segundo.

Escores: a distância alcançada deverá ser registrada a cada 0,5 centímetro pela escala de medida fixada na parte superior plana da caixa, determinada pelas pontas dos dedos de ambas as mãos. A escala de medida deverá apresentar uma amplitude de 0 a 50 cm, de tal forma que, caso o avaliado ultrapasse a linha dos pés, terá valores acima de 23 cm; entretanto, caso não consiga alcançar as mãos até a altura dos pés, serão registrados valores inferiores aos 23 cm. Para efeito de resultado do teste, deverão ser computadas como índice de flexibilidade as melhores medidas entre as três tentativas realizadas.

Precauções: não deverá ser considerada a tentativa em que o avaliado flexionar os joelhos durante o movimento de extensão, ou, ainda, se as mãos não estiverem uma sobre a outra com as pontas dos dedos de ambas coincidindo.

Teste de sentar e alcançar adaptado (sem banco)

Objetivo: determinar o índice de flexibilidade apresentado pelo avaliado na região do quadril e da coluna lombar associado aos músculos posteriores da coxa.

Equipamentos: uma trena ou fita métrica de 1 m e fita adesiva.

Procedimentos: o aluno deve sentar-se descalço sobre a trena estendida e fixada no chão, com o ponto zero entre as pernas e os calcanhares imediatamente próximos à marca de 38 cm. Com os calcanhares afastados a 30 cm, joelhos estendidos, mãos sobrepostas e dedos médios alinhados, o aluno deve flexionar o tronco à frente e alcançar com as pontas dos dedos a maior distância possível sobre a trena.

Escores: o resultado é medido a partir da posição mais longínqua que o aluno pode alcançar na escala com as pontas dos dedos. Registra-se o melhor resultado entre as duas execuções com anotação em uma casa decimal. Exemplo: 25,5 centímetros.

Precauções: não deverá ser considerada a tentativa em que o avaliado flexionar os joelhos durante o movimento de extensão, ou ainda se as mãos não estiverem uma sobre a outra com as pontas dos dedos de ambas coincidindo.

3.2.1.2 Força/resistência muscular

Teste abdominal

Objetivo: determinar a força/resistência dos músculos da região abdominal em movimentos de flexão e extensão do quadril.

Equipamentos: cronômetro e colchão para a prática de ginástica, tendo em vista que o avaliado deverá posicionar-se em decúbito dorsal sem o incômodo de se colocar em contato direto com o solo.

Procedimentos: o avaliado deve posicionar-se em decúbito dorsal sobre o colchão de ginástica, com os joelhos flexionados, as plantas dos pés voltadas para o solo em afastamento com distância idêntica à largura dos quadris.

Os braços cruzados sobre a face anterior do tórax, as palmas das mãos voltadas para ele, na altura dos ombros opostos. Os pés devem ser fixados pelo avaliador, a fim de mantê-los em contato permanente com o solo. A distância entre a região glútea e os calcanhares deve permitir posição confortável ao avaliado, em uma amplitude de aproximadamente 30 a 45 cm. Para a realização do teste, o avaliado eleva o tronco até a altura em que ocorrer contato da face anterior dos antebraços com as coxas, mantendo o queixo encostado ao peito à altura do esterno e retornando, logo em seguida, à posição inicial com o toque de pelo menos a metade anterior da escápula no solo. Para a bateria de testes do PROESP, o teste deve ser realizado no tempo de 1 minuto, podendo haver descanso entre uma e outra repetição.

3.2.1.3 FORÇA DE MEMBROS INFERIORES

Salto em distância horizontal

Objetivo: medir a potência dos membros inferiores.

Equipamento: uma trena e uma linha traçada no solo.

Procedimentos: a trena é fixada ao solo, perpendicularmente à linha, ficando o ponto zero sobre ela. O aluno coloca-se imediatamente atrás da linha, com os pés paralelos, ligeiramente afastados, joelhos semiflexionados, tronco ligeiramente projetado à frente. Ao sinal, o aluno deverá saltar a maior distância possível. Serão realizadas duas tentativas, registrando-se o melhor resultado.

Escores: a distância do salto será registrada em centímetros, com uma casa decimal, a partir da linha inicial traçada no solo até o calcanhar mais próximo desta. Exemplo: 214,5 cm.

Precauções: não se considerarão as tentativas em que o avaliado escorregar os pés no final do salto e tocar com alguma parte dos pés além da linha de partida previamente ao início do salto. É permitido que o avaliado, após o final do salto, apoie as mãos no solo à sua frente com o intuito de recuperar o equilíbrio.

3.2.1.4 Força de membros superiores

Arremesso de *medicine ball*

Objetivo: medir a força dos membros superiores.

Equipamento: uma trena e uma *medicine ball* de 2 kg (ou saco de areia com 2 kg).

Procedimentos: a trena é fixada ao solo perpendicularmente à parede. O ponto zero da trena é fixado junto da parede. O aluno senta-se com os joelhos estendidos, as pernas unidas e as costas completamente apoiadas na parede. Segura a *medicine ball* junto do peito com os cotovelos flexionados. Ao sinal do avaliador, o aluno deverá lançar a bola à maior distância possível, mantendo as costas apoiadas na parede. A distância do arremesso será registrada a partir do ponto zero até o local em que a bola tocou o solo pela primeira vez. Serão realizados dois arremessos, registrando-se o melhor resultado. Sugere-se que a *medicine ball* seja banhada em pó branco para a identificação precisa do local onde tocou pela primeira vez o solo.

Escores: a medida será registrada em centímetros com uma casa decimal. Exemplo: 547,5 cm.

3.2.1.5 Agilidade

Teste do quadrado

Objetivo: avaliar a velocidade dos membros inferiores com movimentação.

Equipamentos: um cronômetro, um quadrado desenhado em solo antiderrapante com 4 m de lado, quatro cones de 50 cm de altura ou quatro garrafas de refrigerante de 2 litros do tipo PET.

Procedimentos: o aluno parte da posição de pé, com um pé avançado à frente imediatamente atrás da linha de partida. Ao sinal do avaliador, deverá deslocar-se até o próximo cone em direção diagonal. Na sequência, corre em direção ao cone à sua esquerda e depois se desloca para o cone em diagonal (atravessa o quadrado em diagonal). Finalmente, corre em direção ao último cone, que corresponde ao ponto de partida. O aluno deverá tocar com uma das mãos cada um dos cones que demarcam o percurso. O cronômetro deverá ser acionado pelo avaliador no momento em que o avaliado realizar o primeiro passo tocando com o pé o interior do quadrado. Serão realizadas duas tentativas, sendo registrado o melhor tempo de execução.

3.2.1.6 VELOCIDADE

Corrida de 20 metros

Objetivo: determinar a velocidade de deslocamento, mediante corrida de 20 m.

Equipamentos: cronômetro e uma pista de 20 m demarcada com três linhas paralelas no solo da seguinte forma: a primeira (linha de partida); a segunda, distante 20 m da primeira (linha de cronometragem); e a terceira linha, marcada a 1 m da segunda (linha de chegada). A terceira linha serve como referência de chegada para o aluno na tentativa de evitar que ele inicie a desaceleração antes de cruzar a linha de cronometragem. Dois cones para a sinalização da primeira e da terceira linha.

Procedimentos: o estudante parte da posição de pé, com um pé avançado à frente imediatamente atrás da primeira linha e será informado de que deverá cruzar a terceira linha o mais rápido possível. Ao sinal do avaliador, o aluno deverá deslocar-se, o mais rápido possível, em direção à linha de chegada. O cronometrista deverá acionar o cronômetro no momento em que o avaliado der o primeiro passo (tocar o solo), ultrapassando a linha de partida. Quando o aluno cruzar a segunda linha (dos 20 m), será interrompido o cronômetro.

Escores: o cronometrista registra o tempo do percurso em segundos e centésimos de segundos (duas casas após a vírgula). Exemplo: 4,27 segundos.

3.2.1.7 Aptidão cardiorrespiratória

Corrida de 9 minutos

Objetivo: avaliar a aptidão cardiorrespiratória.

Equipamentos: local plano com marcação do perímetro da pista. Cronômetro e ficha de registro. Material numerado para fixar às costas dos alunos, identificando-os claramente para que o avaliador possa realizar o controle do número de voltas; e trena métrica.

Procedimentos: dividem-se os alunos em grupos adequados às dimensões da pista. Observa-se a numeração dos alunos na organização dos grupos, facilitando assim o registro dos anotadores. Informam-se os alunos da execução correta do testes, dando ênfase ao fato de que devem correr o maior tempo possível, evitando piques de velocidade intercalados por longas caminhadas. Informa-se que os alunos não deverão parar ao longo do trajeto e que se trata de um teste de corrida, embora possam caminhar eventualmente quando se sentirem cansados. Durante o teste, informa-se o aluno da passagem do tempo aos 3, 6 e 8 minutos ("Atenção: falta 1 minuto!"). Ao final do teste, soará um sinal (apito), e os alunos deverão interromper a corrida, permanecendo no lugar onde estavam (no momento do apito) até ser anotada ou sinalizada a distância percorrida. Todos os dados serão anotados em fichas próprias, devendo estar identificado cada aluno de forma inequívoca. Sugere-se que o avaliador calcule previamente o perímetro da pista e, durante o teste, anote apenas o número de voltas de cada aluno. Dessa forma, após multiplicar o perímetro da pista pelo número de voltas de cada aluno, deverá complementar com a adição da distância percorrida entre a última volta completada e o ponto de localização do aluno após a finalização do teste.

Escores: o resultado expressa a distância total percorrida em 9 minutos, registrada em metros. Exemplo: 1.250 metros.

PACER

Objetivo: determinar a resistência cardiorrespiratória em caminhada/corrida com mudanças de direção em ritmos progressivamente mais elevados.

Equipamentos: aparelho de som com *CD, CD* gravado especificamente para estabelecer o ritmo progressivo de execução do teste.

Espaço físico: área plana sem obstáculos, piso não derrapante, com espaço suficiente para o percurso do teste (20 m) e mais, aproximadamente 2 m de recuo para as linhas demarcatórias para que os avaliados possam se preparar para o início do teste e realizar as mudanças de direções. A área do teste deve ser demarcada com duas linhas paralelas no solo, distantes 20 m uma da outra. Deve-se possibilitar uma distância de 1,5 m entre cada avaliado.

Procedimentos: o teste consiste em deslocar-se de uma linha a outra, distantes 20 m, invertendo o sentido do percurso e retornando à linha oposta, em ritmo de deslocamento, em concordância com os sinais sonoros emitidos pelo *CD* gravado especificamente para o teste. O sinal sonoro é emitido progressivamente mais rápido, iniciando no estágio 1 a cada 9,000 s e encerrando-se no estágio 22 a cada 3,892 s, o que exige do avaliado deslocamentos em ritmos sucessivamente mais intensos à medida que o teste se desenvolve. O avaliado deve ajustar o ritmo de deslocamento de maneira que esteja com um dos pés sobre a linha demarcada dos 20 m no momento em que soar cada sinal sonoro. Caso o avaliado atinja a linha demarcatória antes do sinal sonoro, deverá aguardar pelo sinal para retornar em sentido contrário. No início do teste, o avaliado deverá deslocar-se, caminhando e/ou correndo, a uma velocidade de 8 km/h. Depois, a cada minuto, novo estágio é apresentado com aumento na velocidade de 0,5 km/h até alcançar o estágio final com velocidade de 18,5 km/h. A proposta do teste é levar o avaliado a acompanhar o ritmo imposto pelo maior tempo possível. O teste será encerrado quando o avaliado interromper voluntariamente seu deslocamento por exaustão ou atrasar-se por distância maior que 2 m pela segunda vez (não necessariamente consecutivas) em relação ao sincronismo da emissão do sinal sonoro e do toque de um dos pés sobre as linhas demarcatórias do espaço físico.

Escores: dependendo dos referenciais normativos empregados para análise, os resultados dos testes podem ser registrados de duas formas: com o número de estágios completados ou com a distância percorrida até sua interrupção.

Precauções: sugere-se que cada avaliado receba um número de identificação para controle, que pode ser fixado de forma visível em sua vestimenta. Aconselha-se a formação de grupos de 12 a 15 avaliados para realização simultânea do teste. Na primeira vez em que o avaliado não conseguir atingir a linha demarcatória simultaneamente ao sinal sonoro, deve-se incentivá-lo a tentar recuperar o ritmo de deslocamento imposto pelo protocolo do teste. O teste deve ser interrompido depois de o avaliado ter falhado pela segunda vez no sincronismo dos sinais sonoros, não necessariamente de maneira consecutiva. Um único sinal sonoro indica o término do percurso de 20 m, e o avaliado deverá estar com um dos pés na linha demarcatória. Sinais triplos a cada minuto indicam o término de estágios, e, portanto, o aumento de velocidade de deslocamento. Os avaliados devem ser previamente alertados do aumento necessário da velocidade de deslocamento e também para que não iniciem os estágios iniciais demasiadamente rápido. No primeiro minuto do teste, a velocidade de deslocamento é bastante lenta: 9 s para cada 20 m. Antes de iniciar o teste, os avaliados devem ouvir, por alguns minutos, o *CD*, para que possam identificar exatamente o que deverá ser realizado; depois, deverão realizar alguns deslocamentos na área de teste, como ensaio. Ao se encerrar o teste, e com o fim de auxiliar na recuperação dos avaliados, estes devem continuar a caminhar fora da área de teste por mais algum tempo.

3.2.1.8 Critérios nacionais de avaliação

Para a avaliação da aptidão física de crianças e jovens brasileiros na faixa etária entre 7 e 17 anos, o PROESP-BR adota um sistema referenciado em normas.

Tendo como referência os padrões da população brasileira estratificada por idade e sexo, definem-se seis categorias de aptidão física, conforme sugere o Quadro 3.2. As Tabelas de 3.1 a 3.16 apresentam os valores de referência para avaliação de aptidão física.

Quadro 3.2 – Normas e categorias para avaliação da aptidão física

Valores em percentil	Categoria da aptidão física
Valores < que o percentil 20	Muito fraco (norma utilizada como critério referenciado ao risco à saúde)
Valores entre os percentis 20 e 40	Fraco
Valores entre os percentis 40 e 60	Razoável
Valores entre os percentis 60 e 80	Bom
Valores entre os percentis 80 e 98	Muito bom (norma utilizada como critério referenciado à condição atlética)
Valores ≥ que o percentil 98	Excelente (norma utilizada como critério para definição de talento motor)

Tabela 3.1 – Valores de referência para avaliação da flexibilidade para o sexo masculino (cm) no teste de sentar e alcançar com banco

Idade	Muito fraco	Fraco	Razoável	Bom	Muito bom	Excelente
7 anos	< 18	18 – 21	22 – 25	26 – 29	30 – 38	≥ 39
8 anos	< 18	18 – 21	22 – 25	26 – 29	30 – 39	≥ 40
9 anos	< 18	18 – 21	22 – 25	26 – 29	30 – 39	≥ 40
10 anos	< 18	18 – 21	22 – 25	26 – 30	31 – 40	≥ 41
11 anos	< 18	18 – 22	23 – 25	26 – 30	31 – 40	≥ 41
12 anos	< 18	18 – 22	23 – 26	27 – 30	31 – 41	≥ 42
13 anos	< 18	18 – 22	23 – 26	27 – 30	31 – 41	≥ 42
14 anos	< 18	18 – 22	23 – 26	27 – 31	32 – 41	≥ 42
15 anos	< 18	18 – 22	23 – 26	37 – 31	32 – 42	≥ 43
16 anos	< 18	18 – 22	23 – 27	28 – 32	33 – 42	≥ 43
17 anos	< 18	18 – 22	23 – 27	28 – 32	33 – 42	≥ 43

Tabela 3.2 – Valores de referência para avaliação da flexibilidade para o sexo feminino (cm) no teste de sentar e alcançar com banco

Idade	Muito fraco	Fraco	Razoável	Bom	Muito bom	Excelente
7 anos	< 19	19 – 22	23 – 25	26 – 29	30 – 36	≥ 37
8 anos	< 19	19 – 22	23 – 26	27 – 30	31 – 38	≥ 39
9 anos	< 19	19 – 22	23 – 26	27 – 30	31 – 39	≥ 40
10 anos	< 19	19 – 23	24 – 27	28 – 31	32 – 41	≥ 42
11 anos	< 19	19 – 23	24 – 27	28 – 31	32 – 42	≥ 43
12 anos	< 19	19 – 23	24 – 28	29 – 32	33 – 42	≥ 43
13 anos	< 19	19 – 23	24 – 28	29 – 32	33 – 43	≥ 44
14 anos	< 19	19 – 23	24 – 28	29 – 33	34 – 43	≥ 44
15 anos	< 19	19 – 23	24 – 28	29 – 33	34 – 43	≥ 44
16 anos	< 19	19 – 23	24 – 28	29 – 33	34 – 43	≥ 44
17 anos	< 19	19 – 23	24 – 28	29 – 33	34 – 43	≥ 44

Tabela 3.3 – Valores de referência para avaliação da flexibilidade para o sexo masculino (cm) no teste de sentar e alcançar sem banco

Idade	Muito fraco	Fraco	Razoável	Bom	Muito bom	Excelente
7 anos	< 25	25 – 28	29 – 33	34 – 37	38 – 49	≥ 50
8 anos	< 25	25 – 28	29 – 33	34 – 37	38 – 49	≥ 50
9 anos	< 25	25 – 28	29 – 33	34 – 37	38 – 49	≥ 50
10 anos	< 25	25 – 28	29 – 33	34 – 38	39 – 49	≥ 50
11 anos	< 25	25 – 29	30 – 33	34 – 38	39 – 49	≥ 50
12 anos	< 25	25 – 29	30 – 34	35 – 38	39 – 49	≥ 50
13 anos	< 25	25 – 29	30 – 34	35 – 38	39 – 49	≥ 50
14 anos	< 25	25 – 29	30 – 34	35 – 39	40 – 49	≥ 50
15 anos	< 25	25 – 29	30 – 34	35 – 39	40 – 49	≥ 50
16 anos	< 25	25 – 29	30 – 35	36 – 40	41 – 49	≥ 50
17 anos	< 25	25 – 29	30 – 35	36 – 40	41 – 49	≥ 50

Tabela 3.4 – Valores de referência para avaliação da flexibilidade para o sexo feminino (cm) no teste de sentar e alcançar sem banco

Idade	Muito fraco	Fraco	Razoável	Bom	Muito bom	Excelente
7 anos	< 26	26 – 29	30 – 33	34 – 37	38 – 49	≥ 50
8 anos	< 26	26 – 29	30 – 34	35 – 38	39 – 49	≥ 50
9 anos	< 26	26 – 29	30 – 34	35 – 38	39 – 49	≥ 50
10 anos	< 26	26 – 30	31 – 35	36 – 39	40 – 49	≥ 50
11 anos	< 26	26 – 30	31 – 35	36 – 39	40 – 49	≥ 50
12 anos	< 26	26 – 30	31 – 36	37 – 41	42 – 49	≥ 50
13 anos	< 26	26 – 30	31 – 36	37 – 41	42 – 49	≥ 50
14 anos	< 26	26 – 30	31 – 36	37 – 42	43 – 49	≥ 50
15 anos	< 26	26 – 30	31 – 36	37 – 42	43 – 49	≥ 50
16 anos	< 26	26 – 30	31 – 36	37 – 42	43 – 49	≥ 50
17 anos	< 26	26 – 30	31 – 36	37 – 42	43 – 49	≥ 50

Tabela 3.5 – Valores de referência para avaliação da resistência muscular abdominal para o sexo masculino (repetições)

Idade	Muito fraco	Fraco	Razoável	Bom	Muito bom	Excelente
7 anos	< 16	16 – 19	20 – 23	24 – 28	29 – 39	≥ 40
8 anos	< 18	18 – 21	22 – 25	26 – 31	32 – 42	≥ 43
9 anos	< 20	20 – 23	24 – 28	29 – 33	34 – 44	≥ 45
10 anos	< 21	21 – 25	26 – 29	30 – 35	36 – 46	≥ 47
11 anos	< 23	23 – 27	28 – 31	32 – 37	38 – 48	≥ 49
12 anos	< 25	25 – 29	30 – 33	34 – 38	39 – 50	≥ 51
13 anos	< 26	26 – 30	31 – 35	36 – 40	41 – 52	≥ 53
14 anos	< 28	28 – 32	33 – 36	37 – 42	43 – 54	≥ 55
15 anos	< 29	29 – 33	34 – 38	39 – 43	44 – 56	≥ 57
16 anos	< 30	30 – 34	35 – 39	40 – 45	46 – 58	≥ 59
17 anos	< 30	30 – 34	35 – 40	41 – 46	47 – 59	≥ 60

Tabela 3.6 – Valores de referência para avaliação da força-resistência abdominal para o sexo feminino (repetições)

Idade	Muito fraco	Fraco	Razoável	Bom	Muito bom	Excelente
7 anos	< 14	14 – 18	19 – 21	22 – 26	27 – 40	≥ 41
8 anos	< 15	15 – 19	20 – 23	24 – 28	29 – 41	≥ 42
9 anos	< 16	16 – 20	21 – 24	25 – 29	30 – 42	≥ 43
10 anos	< 17	17 – 21	22 – 25	26 – 30	31 – 43	≥ 44
11 anos	< 18	18 – 22	23 – 26	27 – 31	32 – 43	≥ 44
12 anos	< 19	19 – 23	24 – 27	28 – 32	33 – 44	≥ 45
13 anos	< 19	19 – 23	24 – 28	29 – 33	34 – 45	≥ 46
14 anos	< 20	20 – 24	25 – 29	30 – 34	35 – 46	≥ 47
15 anos	< 20	20 – 24	25 – 29	30 – 34	35 – 47	≥ 48
16 anos	< 20	20 – 24	25 – 29	30 – 34	35 – 48	≥ 49
17 anos	< 21	21 – 25	26 – 30	31 – 35	36 – 48	≥ 49

Tabela 3.7 – Valores de referência para avaliação da força explosiva de membros superiores para o sexo masculino no teste de arremesso de *medicine ball* (cm)

Idade	Muito fraco	Fraco	Razoável	Bom	Muito bom	Excelente
7 anos	< 149	149 – 162	163 – 178	179 – 200	201 – 231	≥ 232
8 anos	< 160	160 – 176	177 – 195	196 – 220	221 – 265	≥ 266
9 anos	< 174	174 – 194	195 – 216	217 – 244	245 – 302	≥ 303
10 anos	< 192	192 – 216	217 – 241	242 – 272	273 – 343	≥ 344
11 anos	< 213	213 – 241	242 – 271	272 – 306	307 – 388	≥ 389
12 anos	< 238	238 – 271	272 – 305	306 – 344	345 – 437	≥ 438
13 anos	< 267	267 – 305	306 – 343	344 – 387	388 – 488	≥ 489
14 anos	< 301	301 – 344	345 – 385	386 – 434	435 – 543	≥ 544
15 anos	< 340	340 – 389	390 – 432	433 – 487	488 – 601	≥ 602
16 anos	< 384	384 – 438	439 – 483	484 – 544	545 – 662	≥ 663
17 anos	< 434	434 – 494	495 – 538	539 – 606	607 – 726	≥ 727

Tabela 3.8 – Valores de referência para avaliação da força explosiva de membros superiores para o sexo feminino no teste de arremesso de *medicine ball* (cm)

Idade	Muito fraco	Fraco	Razoável	Bom	Muito bom	Excelente
7 anos	< 132	132 – 146	147 – 156	157 – 172	173 – 210	≥ 211
8 anos	< 148	148 – 166	167 – 181	182 – 200	201 – 246	≥ 247
9 anos	< 165	165 – 186	187 – 205	206 – 227	228 – 280	≥ 281
10 anos	< 181	181 – 206	207 – 228	229 – 253	254 – 311	≥ 312
11 anos	< 198	198 – 225	226 – 250	251 – 277	278 – 341	≥ 342
12 anos	< 215	215 – 243	244 – 270	271 – 299	300 – 367	≥ 368
13 anos	< 232	232 – 260	261 – 289	290 – 319	320 – 391	≥ 392
14 anos	< 249	249 – 277	278 – 306	307 – 338	339 – 411	≥ 412
15 anos	< 266	266 – 293	294 – 322	323 – 354	355 – 428	≥ 429
16 anos	< 284	284 – 308	309 – 336	337 – 368	369 – 441	≥ 442
17 anos	< 302	302 – 322	323 – 347	348 – 380	381 – 450	≥ 451

Tabela 3.9 – Valores de referência para avaliação da força explosiva de membros inferiores para o sexo masculino no teste de impulsão horizontal (cm)

Idade	Muito fraco	Fraco	Razoável	Bom	Muito bom	Excelente
7 anos	< 98	98 – 109	110 – 120	121 – 131	132 – 157	≥ 158
8 anos	< 106	106 – 117	118 – 129	130 – 140	141 – 167	≥ 168
9 anos	< 114	114 – 126	127 – 137	138 – 149	150 – 177	≥ 178
10 anos	< 122	122 – 134	135 – 145	146 – 158	159 – 187	≥ 188
11 anos	< 130	130 – 143	144 – 154	155 – 167	168 – 197	≥ 198
12 anos	< 138	138 – 151	152 – 162	163 – 176	177 – 206	≥ 207
13 anos	< 145	145 – 159	160 – 171	172 – 185	186 – 216	≥ 217
14 anos	< 152	152 – 167	168 – 180	181 – 195	196 – 226	≥ 227
15 anos	< 159	159 – 175	176 – 189	190 – 204	205 – 236	≥ 237
16 anos	< 166	166 – 182	183 – 198	199 – 213	214 – 246	≥ 247
17 anos	< 172	172 – 190	191 – 207	208 – 223	224 – 256	≥ 257

Tabela 3.10 – Valores de referência para avaliação da força explosiva de membros inferiores para o sexo feminino no teste de impulsão horizontal (cm)

Idade	Muito fraco	Fraco	Razoável	Bom	Muito bom	Excelente
7 anos	< 86	86 – 95	96 – 105	106 – 117	118 – 146	≥ 147
8 anos	< 95	95 – 104	105 – 115	116 – 127	128 – 155	≥ 156
9 anos	< 102	102 – 113	114 – 123	124 – 136	137 – 164	≥ 165
10 anos	< 109	109 – 120	121 – 131	132 – 144	145 – 172	≥ 173
11 anos	< 114	114 – 125	126 – 136	137 – 150	151 – 179	≥ 180
12 anos	< 118	118 – 130	131 – 141	142 – 155	156 – 186	≥ 187
13 anos	< 120	120 – 133	134 – 145	146 – 159	160 – 191	≥ 192
14 anos	< 121	121 – 135	136 – 147	148 – 161	162 – 195	≥ 196
15 anos	< 122	122 – 135	136 – 148	149 – 162	163 – 198	≥ 199
16 anos	< 122	122 – 135	136 – 148	149 – 162	163 – 199	≥ 200
17 anos	< 122	122 – 135	136 – 148	149 – 162	163 – 199	≥ 200

Tabela 3.11 – Valores de referência para avaliação da agilidade para o sexo masculino no teste do quadrado (s)

Idade	Muito fraco	Fraco	Razoável	Bom	Muito bom	Excelente
7 anos	> 8,30	8,30 – 7,78	7,77 – 7,44	7,43 – 7,00	6,99 – 6,19	≤ 6,18
8 anos	> 8,02	8,02 – 7,52	7,51 – 7,17	7,16 – 6,76	6,75 – 5,96	≤ 5,95
9 anos	> 7,76	7,76 – 7,28	7,27 – 6,93	6,92 – 6,53	6,52 – 5,74	≤ 5,73
10 anos	> 7,52	7,52 – 7,07	7,06 – 6,71	6,70 – 6,32	6,31 – 5,55	≤ 5,54
11 anos	> 7,31	7,31 – 6,87	6,86 – 6,51	6,50 – 6,14	6,13 – 5,37	≤ 5,36
12 anos	> 7,11	7,11 – 6,68	6,67 – 6,33	6,32 – 5,97	5,96 – 5,22	≤ 5,21
13 anos	> 6,94	6,94 – 6,52	6,51 – 6,17	6,16 – 5,82	5,81 – 5,10	≤ 5,09
14 anos	> 6,80	6,80 – 6,37	6,36 – 6,03	6,02 – 5,69	5,68 – 5,00	≤ 4,99
15 anos	> 6,67	6,67 – 6,25	6,24 – 5,92	5,91 – 5,58	5,57 – 4,91	≤ 4,90
16 anos	> 6,57	6,57 – 6,14	6,13 – 5,83	5,82 – 5,49	5,48 – 4,90	≤ 4,89
17 anos	> 6,49	6,49 – 6,05	6,04 – 5,76	5,75 – 5,42	5,41 – 4,90	≤ 4,89

Tabela 3.12 – Valores de referência para avaliação da agilidade para o sexo feminino no teste do quadrado (s)

Idade	Muito fraco	Fraco	Razoável	Bom	Muito bom	Excelente
7 anos	> 8,86	8,86 – 8,32	8,31 – 7,91	7,90 – 7,53	7,52 – 6,58	≤ 6,57
8 anos	> 8,53	8,53 – 8,00	7,99 – 7,61	7,60 – 7,21	7,20 – 6,34	≤ 6,33
9 anos	> 8,25	8,25 – 7,72	7,71 – 7,34	7,33 – 6,93	6,92 – 6,12	≤ 6,11
10 anos	> 8,02	8,02 – 7,48	7,47 – 7,12	7,11 – 6,70	6,69 – 5,92	≤ 5,91
11 anos	> 7,82	7,82 – 7,29	7,28 – 6,93	6,92 – 6,51	6,50 – 5,75	≤ 5,74
12 anos	> 7,68	7,68 – 7,14	7,13 – 6,78	6,77 – 6,36	6,35 – 5,62	≤ 5,61
13 anos	> 7,58	7,58 – 7,03	7,02 – 6,68	6,67 – 6,25	6,24 – 5,52	≤ 5,51
14 anos	> 7,52	7,52 – 6,97	6,96 – 6,61	6,60 – 6,19	6,18 – 5,45	≤ 5,44
15 anos	> 7,51	7,51 – 6,96	6,95 – 6,59	6,58 – 6,17	6,16 – 5,43	≤ 5,42
16 anos	> 7,51	7,51 – 6,96	6,95 – 6,59	6,58 – 6,17	6,16 – 5,43	≤ 5,42
17 anos	> 7,51	7,51 – 6,96	6,95 – 6,59	6,58 – 6,17	6,16 – 5,43	≤ 5,42

Tabela 3.13 – Valores de referência para avaliação da velocidade para o sexo masculino no teste de corrida de 20 m (s)

Idade	Muito fraco	Fraco	Razoável	Bom	Muito bom	Excelente
7 anos	> 4,98	4,98 – 4,64	4,63 – 4,42	4,41 – 4,16	4,15 – 3,59	≤ 3,58
8 anos	> 4,79	4,79 – 4,48	4,47 – 4,26	4,25 – 4,01	4,00 – 3,44	≤ 3,43
9 anos	> 4,61	4,61 – 4,32	4,31 – 4,11	4,10 – 3,87	3,86 – 3,30	≤ 3,29
10 anos	> 4,45	4,45 – 4,18	4,17 – 3,97	3,96 – 3,73	3,72 – 3,18	≤ 3,17
11 anos	> 4,30	4,30 – 4,04	4,03 – 3,84	3,83 – 3,60	3,59 – 3,07	≤ 3,06
12 anos	> 4,17	4,17 – 3,92	3,91 – 3,72	3,71 – 3,49	3,48 – 2,98	≤ 2,97
13 anos	> 4,06	4,06 – 3,81	3,80 – 3,61	3,60 – 3,38	3,37 – 2,91	≤ 2,90
14 anos	> 3,97	3,97 – 3,71	3,70 – 3,51	3,50 – 3,29	3,28 – 2,86	≤ 2,85
15 anos	> 3,89	3,89 – 3,62	3,61 – 3,42	3,41 – 3,21	3,20 – 2,82	≤ 2,81
16 anos	> 3,83	3,83 – 3,55	3,54 – 3,34	3,33 – 3,14	3,13 – 2,80	≤ 2,79
17 anos	> 3,79	3,79 – 3,50	3,49 – 3,28	3,27 – 3,09	3,08 – 2,80	≤ 2,79

Tabela 3.14 – Valores de referência para avaliação da velocidade para o sexo feminino no teste de corrida de 20 m (s)

Idade	Muito fraco	Fraco	Razoável	Bom	Muito bom	Excelente
7 anos	> 5,39	5,39 – 5,01	5,00 – 4,74	4,73 – 4,46	4,45 – 4,00	≤ 3,99
8 anos	> 5,15	5,15 – 4,79	4,78 – 4,53	4,52 – 4,26	4,25 – 3,77	≤ 3,76
9 anos	> 4,94	4,94 – 4,60	4,59 – 4,35	4,34 – 4,10	4,09 – 3,57	≤ 3,56
10 anos	> 4,78	4,78 – 4,45	4,44 – 4,21	4,20 – 3,96	3,95 – 3,40	≤ 3,39
11 anos	> 4,65	4,65 – 4,33	4,32 – 4,09	4,08 – 3,86	3,85 – 3,25	≤ 3,24
12 anos	> 4,56	4,56 – 4,24	4,23 – 4,01	4,00 – 3,78	3,77 – 3,15	≤ 3,14
13 anos	> 4,51	4,51 – 4,20	4,19 – 3,97	3,96 – 3,73	3,72 – 3,08	≤ 3,07
14 anos	> 4,50	4,50 – 4,18	4,17 – 3,95	3,94 – 3,70	3,69 – 3,05	≤ 3,04
15 anos	> 4,50	4,50 – 4,18	4,17 – 3,95	3,94 – 3,70	3,69 – 3,05	≤ 3,04
16 anos	> 4,50	4,50 – 4,18	4,17 – 3,95	3,94 – 3,70	3,69 – 3,05	≤ 3,04
17 anos	> 4,50	4,50 – 4,18	4,17 – 3,95	3,94 – 3,70	3,69 – 3,05	≤ 3,04

Tabela 3.15 – Valores de referência para avaliação da capacidade cardiorrespiratória para o sexo masculino no teste de 9 minutos (m)

Idade	Muito fraco	Fraco	Razoável	Bom	Muito bom	Excelente
7 anos	< 930	930 – 1068	1069 – 1182	1183 – 1282	1283 – 1539	≥ 1540
8 anos	< 986	986 – 1136	1137 – 1259	1260 – 1380	1381 – 1658	≥ 1659
9 anos	< 1040	1040 – 1201	1202 – 1333	1334 – 1470	1471 – 1765	≥ 1766
10 anos	< 1093	1093 – 1263	1264 – 1402	1403 – 1554	1555 – 1867	≥ 1868
11 anos	< 1144	1144 – 1321	1322 – 1466	1467 – 1630	1631 – 1961	≥ 1962
12 anos	< 1194	1194 – 1375	1376 – 1525	1526 – 1696	1697 – 2047	≥ 2048
13 anos	< 1241	1241 – 1426	1427 – 1578	1579 – 1754	1755 – 2126	≥ 2127
14 anos	< 1286	1286 – 1471	1472 – 1625	1626 – 1801	1802 – 2196	≥ 2197
15 anos	< 1329	1329 – 1512	1513 – 1665	1666 – 1836	1837 – 2259	≥ 2260
16 anos	< 1369	1369 – 1547	1548 – 1698	1699 – 1860	1861 – 2314	≥ 2315
17 anos	< 1407	1407 – 1576	1577 – 1724	1725 – 1870	1871 – 2361	≥ 2362

Tabela 3.16 – Valores de referência para avaliação da capacidade cardiorrespiratória para o sexo feminino no teste de 9 minutos (m)

Idade	Muito fraco	Fraco	Razoável	Bom	Muito bom	Excelente
7 anos	< 886	886 – 996	997 – 1073	1074 – 1191	1192 – 1489	≥ 1490
8 anos	< 922	922 – 1041	1042 – 1137	1138 – 1261	1262 – 1573	≥ 1574
9 anos	< 953	953 – 1081	1082 – 1191	1192 – 1322	1323 – 1646	≥ 1647
10 anos	< 979	979 – 1114	1115 – 1233	1234 – 1372	1373 – 1706	≥ 1707
11 anos	< 1000	1000 – 1140	1141 – 1265	1266 – 1411	1412 – 1753	≥ 1754
12 anos	< 1017	1017 – 1159	1160 – 1285	1286 – 1437	1438 – 1785	≥ 1786
13 anos	< 1028	1028 – 1170	1171 – 1295	1296 – 1448	1449 – 1801	≥ 1802
14 anos	< 1035	1035 – 1173	1174 – 1295	1296 – 1448	1449 – 1801	≥ 1802
15 anos	< 1037	1037 – 1173	1174 – 1295	1296 – 1448	1449 – 1801	≥ 1802
16 anos	< 1037	1037 – 1173	1174 – 1295	1296 – 1448	1449 – 1801	≥ 1802
17 anos	< 1037	1037 – 1173	1174 – 1295	1296 – 1448	1449 – 1801	≥ 1802

3.3 COMPORTAMENTO DAS VARIÁVEIS DE APTIDÃO FÍSICA DURANTE A INFÂNCIA E A ADOLESCÊNCIA

O entendimento dos resultados dos testes aplicados para medir a aptidão física passa pela compreensão do desenvolvimento físico da criança e do adolescente. Saber o comportamento esperado ao longo do desenvolvimento em cada idade e entre os sexos auxilia na interpretação dos valores.

É importante considerar mudanças progressivas quantitativas e qualitativas que irão ocorrer nessa fase (Fagundes, 2005). A utilização de normas, como as apresentadas neste livro, fornece referências para se identificar o curso do desenvolvimento de um jovem, no entanto, não aconselhamos ser utilizada como veredicto, mas, sim, dentro de um processo de avaliação mais amplo, que consiste nos aspectos biológicos e comportamentais.

Nesta seção do capítulo, serão abordados aspectos do desenvolvimento biológico do jovem relacionados aos testes de aptidão física com um enfoque em estudos atuais da população brasileira, à exceção da composição corporal, que é discutida no Capítulo 5.

3.3.1 Crescimento e desenvolvimento corporal

Crescimento e desenvolvimento são processos indissociáveis, entretanto, não são sinônimos. Crescimento pode ser definido como um processo geométrico de automultiplicação das células, envolvendo hiperplasia (aumento do número de células), hipertrofia (aumento no tamanho das células) e agregação (aumento nas capacidades de substâncias intracelulares em agregar as células). Desenvolvimento, por sua vez, implica na especialização e diferenciação das células dentro de diferentes unidades funcionais (Malina, 1975). Malina e Bouchard (1991) evidenciam que, durante o crescimento, a predominância de hiperplasia, hipertrofia ou agregação pode variar dependendo da idade e do tecido envolvido.

O crescimento ocorre durante toda a vida, desde a fecundação até a senilidade; dessa maneira, do ponto de vista biológico, o crescimento pode ser estudado em relação às alterações de tamanho, forma ou função das células, representando a distância entre dois momentos da vida do indivíduo.

Para o desenvolvimento de estudos de crescimento, vários métodos são utilizados, entretanto, destacam-se as dimensões antropométricas (massa corporal e estatura), pois são as variáveis mais comumente usadas.

A massa corporal e a estatura são variáveis de crescimento presentes em grande parte dos estudos, entretanto, deve-se salientar que, especialmente com a massa corporal, deve-se ter bastante cautela na interpretação dos resultados, uma vez que esta é a somatória de todos os tecidos e órgãos do corpo humano. Guedes e Guedes (1997) salientam que, para se obter informações mais precisas quanto ao crescimento somático de crianças e adolescentes em relação à massa corporal, os valores de peso corporal devem vir acompanhados de outras medidas que procurem identificar a proporção dos diferentes tecidos corporais.

Outro indicador de crescimento é o índice de massa corporal (IMC); o IMC mais utilizado, segundo Nieman (1999), é o índice de Quetelet ou kg/m^2 (massa corporal em quilogramas dividida pela estatura em metros quadrados). Essa medida surgiu de uma tentativa de descrever a relação entre a massa corporal e a estatura em humanos. Apesar de existir uma classificação para o IMC, o American College of Sports Medicine (2000) salienta que, em razão da ampla relatividade do erro padrão de estimativa da gordura percentual dessa variável ($\pm 5\%$), ele não deveria ser usado para determinar a gordura corporal individual durante a avaliação da aptidão física.

Araújo (2006) comenta que o uso do IMC de forma isolada para a detecção de adolescentes em risco de sobrepeso/obesidade não é um completo indicador. A sugestão é utilizá-lo com medidas de dobras cutâneas, especialmente a do tríceps e a do subescapular, que possuem melhor relação com a gordura corporal total.

A análise do crescimento de jovens é apontada como um dos mais importantes indicadores quanto à qualidade de vida de um país ou à extensão das distorções existentes em uma mesma população em seus diferentes subgrupos (Goldstein e Tanner, 1980). Atualmente, não se admite uma boa assistência à criança sem o controle do seu crescimento (Diniz, 2007).

Os Gráficos 3.1 e 3.2 apresentam um comportamento típico do crescimento em estatura e massa corporal de meninos e meninas na faixa etária dos 7 aos 17 anos. O que parece uma tendência é que meninas são superiores, quando comparadas aos meninos, na estatura e na massa corporal, num período que vai dos 11 aos 13 anos, e os meninos possuem maior estatura dos 8 aos 9 e a partir dos 14 anos. Apesar de alguma variabilidade nos resultados, pelo fato de serem amostras diferentes, diversos estudos com a população de jovens brasileiros apresentaram essa tendência: resultados de Fagundes (2005), que analisou crianças e adolescentes que representavam 29 municípios de Santa Catarina; de Hobold (2003), que estudou jovens do Oeste do Paraná; de Araújo (2006) e Silva (2002), que analisaram municípios de Sergipe, apontam nessa mesma direção.

Gráfico 3.1 – Comportamento da estatura por idade e sexo

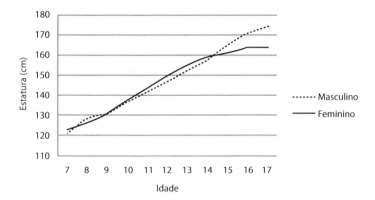

Gráfico 3.2 – Comportamento da massa corporal por idade e sexo

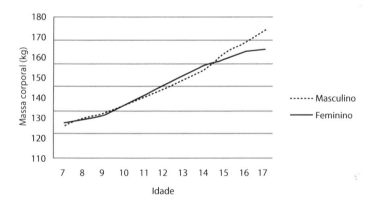

Fagundes (2005) informa que as variações individuais do processo de crescimento nas diversas idades podem ser identificadas por meio de observações e medidas, apresentadas em curvas sigmoides, ou seja, em forma de "S". Esse desenho se dá pelo fato de a estatura e a massa corporal possuírem um rápido aumento na primeira infância, decrescendo lentamente para um crescimento constante na segunda infância, com um aumento rápido novamente na adolescência, seguido por uma diminuição gradativa até o final do período de crescimento (Haywood e Getchell, 2004).

Assim sendo, os surtos de crescimento da estatura parecem ocorrer para as meninas próximo às idades de 7 a 9 anos e depois aos 11 e 12 anos; os meninos também apresentam uma aceleração na estatura que ocorre por volta dos 7 a 9 anos, no entanto, na adolescência esse pico de crescimento ocorre após o do sexo feminino, aproximadamente de 12 a 14 anos.

Em relação à massa corporal, as meninas apresentam um pico perto dos 8 a 9 anos e um aumento acelerado a partir dos 12 anos; já os meninos demonstram ter o pico por volta dos 9 e 10 anos, e novamente a partir dos 13 anos. Os incrementos anuais em estatura e massa corporal podem variar de 3 a 7 cm e 1 a 6 kg para os meninos e de 1 a 7 cm e 2 a 5 kg para as meninas, com maior variação nos períodos de pico de crescimento; a estatura, a partir dos 18 anos, encontra o seu platô para ambos os sexos, e a massa corporal, se não controlada, continua a aumentar.

Esse comportamento, especialmente na adolescência, de crescimento mais rápido, tanto para a estatura quanto para a massa corporal, para as meninas em relação aos meninos, está associada à maturação. Normalmente, as meninas amadurecem mais rápido que os meninos, e, em decorrência disso, as placas epifisiais se fecham em idades cronológicas mais precoces.

Nessa perspectiva, pode ocorrer uma diferença de três ou mais anos quando comparamos idade cronológica e idade esquelética (Fagundes, 2005). Em virtude da sua influência, é essencial que a interpretação do crescimento de jovens seja acompanhada e feita uma avaliação da maturação.

Quando analisamos o IMC, percebe-se que para ambos os sexos há um crescimento linear com uma inclinação acentuada que se inicia a partir dos 9 anos; independentemente da idade, estudos demonstram não haver diferença entre os sexos (Hobold, 2003; Silva, 2002); os meninos são levemente superiores aos 9 e 10 anos, e as meninas, a partir dos 13 anos; trabalhos de Fagundes (2005) e Roman (2004) confirmam esses achados.

O que parece claro, porém, é que mesmo não havendo diferenças entre os sexos para o IMC, os constituintes que fazem a massa corporal aumentar em proporções na relação com a estatura para cada sexo são distintos. As meninas tendem a partir dos 13 anos a armazenar quantidade maior de tecido adiposo subcutâneo, enquanto os meninos aumentam sua massa corporal por um efeito do desenvolvimento da massa muscular.

Gráfico 3.3 – Comportamento do IMC por idade e sexo

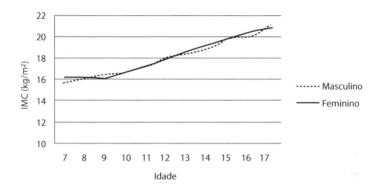

Dados do Brasil divulgados pela Pesquisa de Orçamentos Familiares, realizada em 2002-2003, detectaram uma frequência de adolescentes com excesso de peso (sobrepeso + obesidade) de 16,7%, em que meninos obtiveram 17,9%, e meninas, 15,4%; e, para desnutrição, apresentaram valores de 3,7% para meninos e 4,6% para meninas (IBGE, 2006).

3.3.2 APTIDÃO FÍSICA AERÓBIA

Willmore e Costill (1994) ressaltam que a aptidão física aeróbia está relacionada com a capacidade de realizar exercícios por períodos prolongados e com intensidade submáxima. O desempenho em cada exercício dependerá do estado funcional dos sistemas respiratório, cardiovascular e musculoesquelético. Nas baterias de testes descritas anteriormente, a aptidão física aeróbia pode ser determinada pela distância percorrida ou em um tempo determinado (teste de 1.600 m e teste de 9 minutos), assim como pelo cálculo do volume máximo de oxigênio (VO_2máx). Do ponto de vista prático, o VO_2máx pode ser expresso de forma absoluta, ou seja, em $l.min^{-1}$ ou relativamente ao peso corporal ($ml.kg.min^{-1}$). É interessante ressaltar que a utilização de uma ou outra notação vai depender do objetivo do estudo ou do teste (Silva, 2002).

O American College of Sports Medicine (2000) destaca que essa aptidão é considerada relacionada à saúde por alguns fatores:

- baixos níveis dessa aptidão têm sido associados a um marcante aumento do risco de morte prematura por todas as causas e especificamente por doença cardiovascular;
- o aumento dessa aptidão está associado a uma redução nas mortes por todas as causas;
- altos níveis de aptidão cardiorrespiratória estão associados com altos níveis de atividade física habitual, os quais estão associados a muitos benefícios à saúde.

A aptidão física aeróbia pode auxiliar de forma efetiva na prevenção e reabilitação de doenças coronarianas. Rimmer e Looney (1997) salientam que existem 14 fortes evidências de que a doença coronariana começa bem cedo na infância e lentamente vai progredindo até a idade adulta. Esse fato é extremamente preocupante, levando em conta que essa doença é a causa número um de mortes em vários países.

Howley e Franks (2000) reforçam que o condicionamento aeróbio auxilia no combate à doença cardíaca, justificando, assim, o papel do exercício em programas de prevenção e reabilitação cardíaca. Um bom nível desse condicionamento deve ser buscado, como uma meta permanente, objetivando tornar a vida mais agradável. O condicionamento cardiorrespiratório é uma boa medida da capacidade do coração de bombear maiores volumes de sangue rico em oxigênio para os músculos.

Segundo Nieman (1999), um alto nível de VO_2máx depende do funcionamento de três importantes sistemas no corpo:

- o sistema respiratório, que leva o oxigênio do ar para os pulmões e o transporta dentro do sangue;
- o sistema cardiovascular, que bombeia e distribui o oxigênio através da corrente sanguínea para o corpo;
- o sistema musculoesquelético, que usa o oxigênio para converter os carboidratos estocados e a gordura dentro da adenosina trifosfato (ATP) para a contração muscular e a produção do calor.

Existe uma grande variedade de testes que visam avaliar a condição cardiorrespiratória. Esses testes podem ser laboratoriais ou de campo. Dentre os testes de campo, a bateria de testes discutida neste capítulo apresenta o teste Progressive Aerobic Cardiovascular Endurance Run (PACER) e o teste de 9 minutos. Os dois já possuem validade reconhecida em nível internacional.

É importante salientar que a interpretação dos resultados se dá conforme o teste a ser utilizado. O Gráfico 3.4 apresenta o comportamento dos resultados quando aplicado o teste PACER, no qual o valor é expresso em VO_2máx (ml.kg.min^{-1}).

Gráfico 3.4 – Comportamento do VO$_2$máx (ml.kg.min^{-1}) por idade e sexo

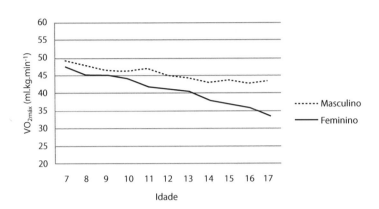

Ao interpretar o comportamento desse gráfico, é importante considerar a unidade de medida da variável. O resultado está expresso em consumo de oxigênio em um minuto para cada quilograma do avaliado; por esses resultados, fica claro que meninos possuem um VO$_2$máx superior ao das meninas e que, independentemente do sexo, os mais jovens possuem VO$_2$máx mais elevado numa faixa etária que vai dos 7 aos 17 anos (Araújo, 2006; Hobold, 2003; Silva, 2002).

No entanto, não podemos interpretar a aptidão física aeróbica somente pelo olhar do VO$_2$máx. É importante a detecção da distância total percorrida pelo avaliado; ao analisar o Gráfico 3.5, que mostra o desempenho pela distância percorrida em 9 minutos, os meninos continuam sendo superiores às meninas; agora, porém, dependendo do sexo, há um comportamento diferente.

Os rapazes apresentam dois sensíveis picos de desempenho que ocorrem dos 7 aos 10 anos e depois novamente dos 12 aos 15 anos; depois ocorre um pequeno decréscimo até os 17 anos. As moças progridem com pequenas melhoras dos 7 até os 12 anos; a partir dos 12 anos há um decréscimo acentuado no desempenho e moças com 16 anos alcançam a mesma distância percorrida por meninas de 9 anos.

Os Gráficos 3.4 e 3.5 ilustram que a melhora no desempenho da aptidão física aeróbica, quando analisada pela distância percorrida em 9 minutos, é inferior ao ganho de massa corporal pelos adolescentes, fazendo que haja um decréscimo do VO_2máx (ml.kg.min^{-1}).

Gráfico 3.5 – Comportamento da distância percorrida no teste de 9 minutos por idade e sexo

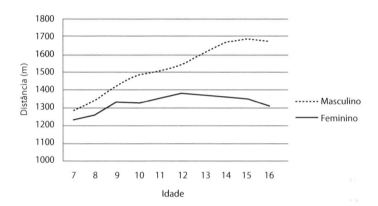

Fagundes (2005), analisando a população de jovens do estado de Santa Catarina por meio dos critérios proposto pela PROESP, detectou que 27% dos meninos e 33% das meninas apresentavam-se abaixo da zona de saúde para essa aptidão física. Roman (2004) identificou, em uma amostra de crianças de Cascavel – PR, uma proporção de 68,52% de meninos e 70,45% de meninas que não alcançaram os critérios de saúde propostos pela Physical Best. Utilizando essa mesma bateria de testes, Bergmann et al. (2005) avaliaram uma pequena amostra de alunos do município de Canoas - RS e verificaram valores de 51,8% e 61,1% de adolescentes abaixo do critério de saúde, respectivamente, para meninos e meninas. Glaner (2005), analisando jovens do norte gaúcho e do oeste catarinense utilizando o teste de 1.600 m sugerido pela bateria de teste da AAHPERD, encontrou um percentual de 38,42% de adolescentes que não alcançaram o critério de saúde cardiorrespiratório. Hobold (2003), estudando a população de jovens da cidade de Marechal Cândido Rondon - PR, encontrou uma frequência de 50,4% de meninos e 56,9% de meninas que não alcançaram o critério de saúde cardiorrespiratório estipulado pela FITNESSGRAM.

Os achados desses estudos ilustram uma realidade alarmante dos níveis de aptidão física aeróbica dos jovens brasileiros. Conforme a população, aproximadamente entre 30% e 70% dos jovens não alcançam os critérios de saúde, o que se torna um problema de saúde pública, pois boas condições de aptidão aeróbica nessa fase da vida evitariam tratamentos de diversas doenças.

3.3.3 APTIDÃO FÍSICA – FORÇA/*ENDURANCE* MUSCULAR

Braga (2007) comenta que a orientação de exercício de força para crianças e adolescentes gerou grandes controvérsias; esse autor cita que publicações da American Academy Pediatric e da National Strengh Conditioning Association nos anos 1980 afirmavam que o treinamento de força para essa população era inviável. Estudos mais recentes, porém, constataram haver melhora nos níveis de força em jovens, desde que fossem utilizados procedimentos de intervenção adequados para a idade (Fleck, 2002).

Níveis adequados de força trazem diversos benefícios para as crianças e os adolescentes:

- auxiliam a ter êxito nas técnicas e habilidades motoras exigidas na prática esportiva;
- o treinamento de força é um meio importante para auxiliar no controle da composição corporal;
- o treinamento de força desenvolve aumento da densidade óssea;
- ocorre diminuição de lesões;
- músculos fortes permitem que crianças e adolescentes mantenham a postura adequada.

Existem três formas de se manifestar a força; ela pode ser máxima, o que, segundo definição de Sharkey (1990), é o nível de tensão máxima que pode ser produzido por um grupo muscular, no entanto, não é uma medida usual em baterias de testes de aptidão física. Outra forma de manifestação é a força explosiva, que é a capacidade dos músculos de gerarem o máximo de força num menor tempo possível, sendo normalmente avaliada em baterias de aptidão física por meio de tarefas como saltos verticais e horizontais; e há a resistência ou *endurance* muscular, em que a força é gerada por ações musculares repetidas ao longo do tempo; testes de flexão de braços e de abdominais são utilizados (Araújo, 2006).

Fagundes (2005) cita que quando se pretende relacionar peso, estatura e desempenho motor, deve-se fazer uma distinção entre tarefas nas quais o corpo é projetado (saltos, corridas) e tarefas nas quais um objeto é projetado (como em arremessos), porque o peso corporal tende a apresentar uma correlação negativa com o desempenho em saltos e corridas, e uma correlação positiva com o desempenho em arremessos. Por esse motivo, quando se deseja saber a força absoluta de um jovem, sugere-se a utilização de testes de arremesso, e quando se deseja saber a força relativa ao peso corporal, sugere-se utilizar testes de saltos.

De modo geral, a força de *endurance* aumenta linearmente durante o crescimento dos meninos, como é demonstrado nos Gráficos 3.6 e 3.7, tendo os melhores desempenhos ao final da adolescência. No entanto, para as meninas, esse comportamento dependerá da região muscular que está sendo avaliada. Quando avaliada a resistência abdominal, nota-se que as meninas tendem a ter um crescimento dos 7 até os 10 anos; depois dessa fase, há uma estabilidade no desempenho. Já os valores do teste de flexão de braço (modificado) possuem um comportamento contrário: são estáveis numa faixa etária que vai do 7 aos 9 anos, seguidos por um gradativo decréscimo na *performance* (Silva, 2002; Hobold, 2003; Araújo, 2006). A possível justificativa para essa tendência é a forma de execução de ambos os testes; no teste de flexão de braço modificado, a criança deve elevar o peso de seu corpo em direção à barra, o que, para as meninas, por um acúmulo de tecido adiposo, especialmente após os 10 anos, prejudica o desempenho.

Gráfico 3.6 – Comportamento da resistência abdominal por idade e sexo

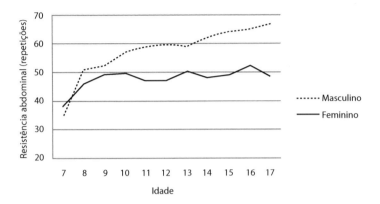

Gráfico 3.7 – Comportamento do teste de flexão de braço (modificado) por idade e sexo

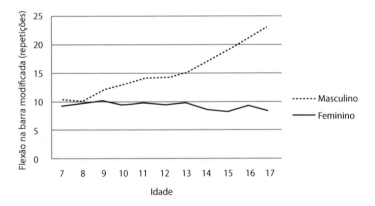

O que fica claro é que a força de resistência aumenta de forma constante nos meninos à medida que estes se desenvolvem, e após a puberdade inicia-se uma diferenciação acentuada: os meninos irão adquirir níveis de força superiores aos das meninas. Nesse período de puberdade, a testosterona proporciona ao gênero masculino um aumento da massa muscular e consequentemente um maior aumento de força, enquanto no feminino o estrogênio tende a contribuir para um aumento significativo na gordura corporal, dificultando a execução do teste de força/resistência de membros superiores que tem como característica principal o deslocamento e a sustentação da própria massa corporal (Hobold, 2003).

Há relatos de estudo que mostraram haver evidências de que, entre as idades de 8 e 13 anos, há superioridade feminina para o trabalho de flexão de braços (Silva, 2002); isso não tem sido, porém, uma tendência.

Quando analisados estudos que objetivaram determinar se os jovens brasileiros alcançam os critérios de saúde para a aptidão física força de resistência, Fagundes (2005), utilizando a bateria de testes do PROESP, detectou uma frequência de 50% de meninas e 42% de meninos abaixo do indicador de saúde para força de *endurance* do abdômen em uma amostra de Santa Catarina. Hobold (2003) encontrou valores de 0,7% nos meninos e 2,3% nas meninas que não alcançaram critérios de saúde para a força de resistência abdominal, e 14,4% dos meninos e 14,8% das meninas não alcançaram o critério de saúde para força de resistência de membros superiores, sendo ambos os testes avaliados pelo protocolo da FITNESSGRAM.

3.3.4 APTIDÃO FÍSICA – FLEXIBILIDADE

Corbin e Lindsey (1997) conceituam a flexibilidade como a capacidade de amplitude de uma articulação isolada ou de um grupo de articulações, solicitadas na realização dos movimentos. Nahas (2001) destaca que a flexibilidade é específica para cada articulação e depende da estrutura anatômica e da elasticidade de músculos, tendões e ligamentos. Quando se treina para desenvolver a flexibilidade, com exercícios de alongamento muscular, o que se está modificando é a elasticidade dos músculos e dos tendões, permitindo uma maior amplitude nos movimentos que envolvem aquela articulação.

Dantas (1998) ressalta que uma boa flexibilidade permitirá a realização de determinados gestos e movimentos com maior eficiência mecânica.

Assim, ter bom grau de flexibilidade auxilia no movimento, e indivíduos com bons arcos articulares tendem a ficar menos susceptíveis a lesões, especialmente quando submetidos a um esforço intenso e a movimentos bruscos.

Hobold (2003) aponta que existem algumas divergências na literatura sobre diferenças da flexibilidade entre os gêneros. Weineck (1999) enfatiza que o gênero feminino apresenta uma grande vantagem de flexibilidade sobre o masculino. Esse pesquisador ressalta que tal fato é explicado por diferenças hormonais: o alto nível de estrógeno observado em mulheres leva, por um lado, à retenção de água e, por outro, à grande quantidade de tecido adiposo e à menor massa muscular que a observada em homens, propiciando, assim, condições mais favoráveis para essa variável.

Já Howley e Franks (2000) apresentam uma visão diferente, apontando para o fato de que embora as mulheres sejam geralmente consideradas mais flexíveis, essas diferenças são, às vezes, específicas de algumas articulações. Por exemplo, movimentos de flexão/extensão da coluna.

As baterias de testes normalmente estão utilizando o teste de sentar e alcançar como procedimento para avaliar a flexibilidade de jovens. Esse teste foi criado para medir a flexibilidade da parte inferior das costas e da parte posterior de perna.

Em relação ao teste de sentar e alcançar, Farinatti et al. (1998), em um estudo feito com crianças com idade entre 5 e 15 anos, compararam os resultados com os do flexíndice e detectaram que os movimentos de tronco são os que melhor marcam as diferenças entre os sexos, como também são os que melhor identificam o comportamento da flexibilidade total. Dessa forma, sugere-se a utilização do teste de sentar e alcançar para uma boa avaliação da flexibilidade em crianças e adolescentes.

O Gráfico 3.8 ilustra, quando utilizado o teste de sentar e alcançar, que as meninas, independentemente da idade, possuem valores mais elevados que os meninos; a diferença se torna mais acentuada a partir dos 10 anos. Existem algumas hipóteses para essa diferença: acredita-se que, por efeitos hormonais, as meninas realmente sejam mais flexíveis que os rapazes, e a idade próxima dos 10 anos é quando ocorre a maturação feminina, aflorando os efeitos hormonais. Assim como há um efeito do comportamento feminino, pois as meninas tendem a escolher exercícios físicos e práticas esportivas que envolvam a flexibilidade, tais como modalidades de danças e ginásticas, e a idade de 10 anos tende a ser a de início dessas práticas.

Quando analisado o comportamento da flexibilidade pela idade, percebe-se uma tendência similar em ambos os sexos; a flexibilidade decresce nas meninas e nos meninos dos 7 anos até aproximadamente os 12 anos e, a partir dessa idade, volta a crescer, atingindo o platô por volta dos 16 anos nas meninas e dos 17 anos nos meninos. Interessante é que nas meninas ocorre nova perda nos níveis de flexibilidade a partir dos 16 anos.

Tal comportamento para ambos os sexos já havia sido relatado por Malina e Bouchard (2002), em que estes demonstram que os níveis de flexibilidade se estabilizam dos 5 aos 8 anos e decrescem até os 12 e 13 anos, voltando a crescer até os 18 anos entre os meninos. Já com as meninas, as pontuações médias são estáveis dos 5 aos 11 anos, incrementando até os 14 anos e em seguida atingindo um platô. É importante ressaltar que esse comportamento é específico para o teste de sentar e alcançar; o emprego de outro teste que meça outras articulações tenderá a apresentar resultados diferentes.

Gráfico 3.8 – Comportamento do teste de sentar e alcançar por idade e sexo

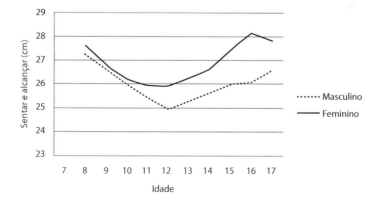

Fagundes (2005), avaliando a população de jovens de Santa Catarina, encontrou uma frequência de 31% de meninas e 22% de meninos abaixo da zona de saúde, segundo os critérios do PROESP. Hobold (2003) detectou um percentual de 6% de meninos e 18,3% de meninas abaixo do critério de saúde estipulado pela FITNESSGRAM em uma amostra de crianças e adolescentes do município de Marechal Cândido Rondon - PR. Também utilizando uma amostra do Paraná, Roman (2004) avaliou crianças dos 7 aos 10 anos da cidade de Cascavel e encontrou um percentual de 49,14% de meninos e 38,59% de meninas que não obtiveram o resultado mínimo de flexibilidade segundo os critérios da Physical Best.

3.3.5 APTIDÃO FÍSICA – VELOCIDADE E AGILIDADE

As aptidões físicas de velocidade e agilidade estão associadas ao desempenho esportivo e são usualmente utilizadas para medir a *performance* de jovens que estão inseridos em programas de treinamento. Ambos são um componente da aptidão física que pode ser, segundo Weineck (1999), treinado e encorajado na infância por meio de atividades vigorosas que incorporem curtos impulsos de velocidade.

Agilidade é a habilidade de alterar a direção do corpo rápida e precisamente, enquanto velocidade é a habilidade de cobrir uma distância curta no menor tempo possível (Gallahue e Ozmun, 2001).

O teste usualmente utilizado para mensurar a agilidade é o teste do quadrado, e para medir velocidade são utilizados testes de 20 ou 50 metros. Os Gráficos 3.9 e 3.10 demonstram os resultados de crianças e adolescentes para as aptidões físicas velocidade e agilidade; o que se revela é que, independentemente da idade, os meninos são sempre mais rápidos e ágeis que as meninas, tendo os meninos melhora no desempenho até a idade dos 16 anos. Em relação às meninas, ocorre melhora da *performance* até aproximadamente 13 anos, tanto para velocidade quanto para a agilidade, quando se inicia um processo de perda de desempenho.

Os principais ganhos em velocidade ocorrem nas idades de 7 a 10 anos, com melhora anual para os meninos de 0,14 s, enquanto dos 11 aos 17 anos a melhora é de 0,10 s. Para as meninas nas idades de 7 a 10 anos, ocorrem melhoras anuais de 0,22 s.

Gráfico 3.9 – Comportamento do teste de velocidade em 20 metros por idade e sexo

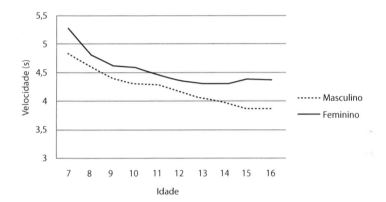

Gráfico 3.10 – Comportamento do teste de agilidade do quadrado por idade e sexo

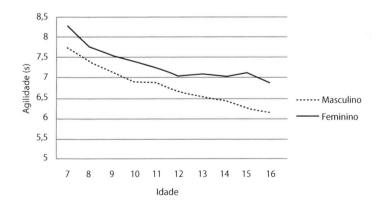

Os fenômenos que justificam o ganho em desempenho para as aptidões físicas velocidade e agilidade em meninos e a perda de desempenho nas meninas durante a adolescência estão associados ao aumento da força e à diminuição da gordura corporal nos meninos, bem como ao aumento da gordura corporal nas meninas (Gallahue e Ozmun, 2001).

3.4 Referências

ACSM – American College of Sports Medicine. ACSM's Guidelines for Exercise Testing and Prescription. 6. ed. Baltimore: Lippincott Williams & Wilkins, 2000.

Araújo, S. S. *Crescimento corporal e aptidão física relacionada à saúde de crianças e adolescentes.* 2006. Dissertação (Mestrado em Medicina) – Universidade Federal de Sergipe, Aracaju, 2006.

Baruki, S. B. S. *Estado nutricional e atividade física em escolares de 7 a 10 anos da rede municipal de ensino de Corumbá – MS.* 2004. Dissertação (Mestrado em Ciência da Nutrição) – Universidade Federal de Viçosa, Viçosa, 2004.

Bergmann, G. G. et al. Alteração anual no crescimento e na aptidão física relacionada à saúde de escolares. *Rev. Bras. Cineantropom. Desemp. Hum.,* v. 7, n. 2, p. 55-61, 2005.

Böhme, M. T. S. Relações entre aptidão física, esporte e treinamento esportivo. *Rev. Bras. Ciênc. Mov.,* v. 11, n. 3, 2003.

Braga, F. C. C. *Desenvolvimento de força em crianças e jovens nas aulas de Educação Física.* Dissertação (Mestrado em Ciência do Movimento Humano) – Universidade Federal do Rio Grande do Sul, Porto Alegre, 2007.

Corbin, C. B.; Lindsey, R. *Concepts of Physical Fitness.* Boston: WCB McGraw-Hill, 1997.

CURETON, K. J; WARREN, G. L. Criterion-Referenced Standards for Youth Health-related Fitness Tests: A Tutorial. *Res. Quart. Exerc. Sport*, v. 61, n. 1, p. 7-19, 1990.

DANTAS, E. H. M. *A prática da preparação física*. 4. ed. Rio de Janeiro: Shape, 1998.

DINIZ, I. M. S. *Crescimento físico, nível de atividade física e hábitos alimentares de escolares de diferentes grupos étnicos*. 2007. Dissertação (Mestrado em Educação Física) – Universidade Federal de Santa Catarina, Trindade, 2007.

DOCHERTY, D. Introduction. In: _____. (Ed.). *Measurement in Pediatric Exercise Science. Britsh Columbia (Ca)*: Canadian Society for Exercise Physiology. Champaign: Human Kinetics, 1996.

BOAVENTURA, J. C. (Coord.) *Eurofit*: Manual para os testes EUROFIT de aptidão física. Comissão para o Desenvolvimento de Desporto de Conselho da Europa. Lisboa: Dir. Geral dos Desportos, 1990.

FAGUNDES, T. F. *Crescimento e aptidão física de escolares do estado de Santa Catarina*. 2005. Dissertação (Mestrado em Ciência do Movimento Humano) – Universidade do Estado de Santa Catarina, 2005.

FARINATTI, P. T. V. et al. *Perfil de flexibilidade e crianças de 5 a 15 anos de idade*. Lisboa: Horizonte, v. 14, n. 82, p. 22-30, 1998.

FLECK, S. J. *Treinamento de força para fitness e saúde*. São Paulo: Phorte, 2002.

GALLAHUE, D. L.; OZMUN, J. C. *Compreendendo o desenvolvimento motor*: bebês, crianças, adolescentes e adultos. São Paulo: Phorte, 2001.

GAYA, A.; SILVA, G. *Projeto Esporte Brasil*: manual de aplicação de medidas e testes, normas e critérios de avaliação. 2007. Disponível em: <www.proesp.ufrgs.br>. Acesso em: 20 dez. 2008.

GAYA, A. Homenagem. In: PEDAGOGIA DO ESPORTE CENESP-UFRGS. *Projeto Esporte Brasil*: indicadores de saúde e fatores de prestação esportiva em crianças e jovens. Disponível: <www.proesp.ufrgs_br_institucional_PROESP_BR_pdf>. Acesso em: 20 dez. 2008.

GAYA, A.; TORRES, L.; CARDOSO, M. Dados, interpretações e implicações: acordos e desacordos. *Movimento*, v. 2, n. 9, 1998. (2ª parte: As questões conceituais).

GLANER, M. F. Aptidão física relacionada à saúde de adolescentes rurais e urbanos em relação a critérios de referência. *Rev. Bras. Educ. Fís.*, v. 19, n. 11, 2005.

GUEDES, D. P.; GUEDES, J. E. R. P. *Crescimento, composição corporal e desempenho motor de crianças e adolescentes.* São Paulo: CLR Baliero,1997.

_____. *Manual prático para avaliação em Educação Física.* São Paulo: Manole, 2006.

GOLDSTEIN, H.; TANNER, J. M. Ecological Considerations in the Creation and the Use of Child Growth Standars. *Lancet*, v. 1, p. 582-5, 1980.

GONÇALVES, R. H. *Indicadores de tendência secular de variáveis associada ao crescimento, à composição corporal e ao desempenho motor de crianças de 7 a 14 anos.* Dissertação. (Mestrado em Educação Física) – Universidade Estadual de Campinas, Campinas, 2001.

GUTIÉRREZ, A. J. La valoración de la aptitud física y su relación con la salud. *J. Hum. Sport Exerc.*, v. 2, n. 2, 2007.

HAYWWOOD, K.; GETCHELL, N. *Desenvolvimento motor ao longo da vida.* 3. ed. Porto Alegre: Artmed, 2004.

HOBOLD, E. *Indicadores de aptidão física relacionada à saúde de crianças e adolescentes do município de Marechal Cândido Rondon - Paraná, Brasil.* 2003. Dissertação (Mestrado em Educação Física) – Universidade Federal de Santa Catarina, Trindade 2003.

HOWLEY, E. T.; FRANKS, B. D. *Manual do instrutor de condicionamento físico para a saúde*. Porto Alegre: Artmed, 2000.

IBGE – Instituto Brasileiro de Geografia e Estatística. *Pesquisa de orçamentos familiares 2002-2003*: antropometria e análise do estado nutricional de crianças e adolescentes no Brasil. Rio de Janeiro, 2006.

KIRKENDALL, D. R.; GRUBER, J. J.; JOHNSON, R. E. *Measurement and Evaluation for Physical Educators*. 2. ed. Champaign: Human Kinetics, 1987.

KISS, M. A. P. D. *Avaliação em Educação Física*: aspectos biológicos e educacionais. São Paulo: Manole, 1987.

KRAUS, H.; HIRSCHLAND, R. P. Minimum Muscular Fitness Tests in School Children. *Res. Quart.*, v. 25, n. 2, 178-88, 1954.

MALINA, R. M. *Growth and Development*: The First Twenty Years. Austin: Burgess, 1975.

MALINA, R. M; BOUCHARD, C. *Growth, Maturation, and Physical Activity*. Champaign: Human Kinetics, 1991.

_____. *Atividade física do atleta jovem*: do crescimento à maturação. São Paulo: Roca, 2002.

MATHEWS, D. K. *Medida e avaliação em Educação Física*. 5. ed. Rio de Janeiro: Interamericana, 1980.

NAHAS, M. V. *Atividade física, saúde e qualidade de vida*: conceitos e sugestões para um estilo de vida mais ativo. Londrina: Midiograf, 2001.

NIEMAN, D. C. *Exercise Testing and Prescription*: a Health-related Approach. 4. ed. Mountain View: Mayfield Publishing Company, 1999.

Projeto Esporte Brasil: manual. *Indicadores de saúde e fatores de prestação esportiva em crianças e jovens*. Disponível em: <www.proesp.ufrgs_br_institucional_PROESP_BR_pdf>. Acesso em: 20 dez. 2008.

Rimmer, J. H; Looney, M. A. Effects of an Aerobic Ativity Program on the Cholesterol Levels of Adolescents. *Res. Quart. Exerc. Sport*, v. 68, n. 1, 1997.

Roman, E. R. *Crescimento, composição corporal, desempenho motor de escolares de 7 a 10 anos de idade do município de Cascavel - PR*. 2004. Tese (Doutorado em Educação Física) – Universidade Estadual de Campinas, Campinas, 2004.

Safrit, M. J. *Complete Guide to Youth Fitness Testing*. Champaign: Human Kinetics, 1995.

Sharkey, B. J. *Physiology of Fitness*. Champaign: Human Kinetics, 1990.

Silva, R. J. S. *Características de crescimento, composição corporal e desempenho físico relacionado à saúde em crianças e adolescentes de 07 a 14 anos da região do Cotinguiba (SE)*. Dissertação (Mestrado em Educação Física) – Universidade Federal de Santa Catarina, Trindade, 2002.

Tritschler, K. *Medida e avaliação em Educação Física e Esporte de Barrow & McGee*. 5. ed. São Paulo: Manole, 2003.

Venâncio, P. E. M. *Obesidade, atividade física e hábitos alimentares em escolares da cidade de Anápolis - GO*. 2006. Dissertação (Mestrado em Educação Física) – Universidade Católica de Brasília, Brasília, 2006.

Weineck, J. *Treinamento total*: instruções técnicas sobre o desempenho fisiológico, incluindo considerações específicas do treinamento infantil e juvenil. 9. ed. São Paulo: Manole, 1999.

Willmore, J. H.; Costill, D. L. *Physiology of Sport and Exercise*. Champaign: Human Kinetics, 1994.

Análise da maturação

Gustavo André Borges | Dalmo Roberto Lopes Machado

4

O crescimento físico constitui-se em um dos mais importantes períodos do desenvolvimento humano. Durante aproximadamente os vinte primeiros anos da vida, a substância viva (intracelular e extracelular) do corpo do homem e da mulher aumenta continuamente, provocando inequívocas mudanças em suas estruturas anatômicas e funcionais (relativas à espécie), e em suas formas e tamanhos (relativas ao indivíduo). Todas as transformações concorrem para tornar o indivíduo biologicamente maduro.

Dentre os diferentes momentos do desenvolvimento humano, o período pubertário é o mais representativo, principalmente no que tange às mudanças corporais observadas ao longo do tempo. Para Tanner (1987), são três as razões principais que impulsionam os estudos do crescimento e do desenvolvimento. A primeira delas refere-se ao desejo mais simples de conhecer o modo particular de "como", "quanto" e "quando" a criança cresce. A segunda surge por uma razão socialmente orientada, em que os pais buscam entender o crescimento de seus filhos como um indicador das boas condições sociais em que vivem. A terceira razão surge por uma necessidade, clínica ou de saúde pública, da monitoração, realizada pelos agentes de saúde, do crescimento da criança em relação ao esperado para o sexo e a idade, assegurando que seu desenvolvimento seja o melhor possível.

Em um mesmo grupo de crianças do mesmo sexo e da mesma idade cronológica, haverá variação na idade biológica, ou nível de maturidade alcançado. Isso é especialmente aparente entre os recém-adolescentes ou no estirão da adolescência, mas também é perceptível durante a infância. Em um dado grupo etário, algumas crianças poderão ser biologicamente adiantadas em relação à sua idade cronológica, entretanto, poderão estar atrasadas. Em outras palavras, apesar de duas crianças estarem na mesma idade cronológica, elas poderão não estar necessariamente no mesmo nível de maturidade biológica (Malina et al., 2004).

4.1 Crescer, desenvolver e adolescer

Diante do interesse histórico do ser humano em compreender os fenômenos relacionados ao *crescimento* e ao *desenvolvimento* saudável e das condições sociais, faz-se necessária uma distinção conceitual entre essas dimensões, bem como a consideração de uma terceira, a *adolescência*, dada sua importante influência na transição da vida humana ao estado adulto. Assim, o *crescimento* é compreendido como um processo incremental de células, que resulta em alterações morfológicas do corpo ou, ainda, quando seus efeitos estão relacionados ao aumento das dimensões, seja em partes ou como um todo (Malina et al., 2004). Sua principal forma de manifestação está no aumento da estatura e da massa corporal.

O *desenvolvimento* está relacionado aos refinamentos funcionais de diferentes sistemas, com efeitos sobre as mudanças físicas, motoras e psicológicas. O desenvolvimento é reconhecido com base nas mudanças no comportamento motor com o aprendizado e o domínio de tarefas motoras e cognitivas cada vez mais complexas. A *adolescência* é percebida como a aceleração das mudanças corporais em direção ao estado adulto, em razão da maturação biológica, agregando as propriedades do crescimento quantitativo e do desenvolvimento qualitativo (Malina et al., 2004). A adolescência é perceptível fundamentalmente pelas mudanças corporais, tais como a modificação da voz entre os rapazes ou as mudanças nas características sexuais secundárias em ambos os sexos, além das evidentes mudanças do comportamento psicossocial.

Embora essas três dimensões estejam aqui distinguidas por uma questão didática, todas ocorrem de forma contínua e inter-relacionada. Qualquer tentativa de classificar o grau de importância de cada uma delas é ignóbil, pois ainda que cada dimensão possua a sua particularidade e independência, no crescer e no adolescer, todas se influenciam reciprocamente. Há, porém, de ser explicado que dois dos termos mais importantes são semelhantes, *adolescência* e *puberdade*, mas referem-se a aspectos distintos do desenvolvimento.

A *adolescência* é o período da vida que envolve necessariamente todas as mudanças físicas e psicossociais desencadeadas pela maturação (Miranda, 2003). A puberdade, entretanto, refere-se apenas ao período das transformações corporais desencadeadas exclusivamente pela maturação biológica, isto é, a puberdade, como parte integrante da maturação, refere-se ao desenvolvimento acelerado de diferentes sistemas ou tecidos do corpo humano, culminando no estado adulto. Em um entendimento mais amplo atribuído ao período maturacional, destacam-se as mudanças qualitativas do sistema e do tecido nervoso e dos sistemas endócrino, ósseo, dentário e reprodutivo. Portanto, o conceito de maturação tenta associar o tempo biológico ao tempo cronológico.

Cada indivíduo tem o seu próprio relógio biológico que regula o progresso para tornar-se maduro, de modo que o nível de *maturidade* pode depender do sistema de avaliação particularmente escolhido. Mas o aspecto importante é que, embora esse processo seja contínuo, os indivíduos variam no nível, no tempo e na velocidade na passagem pelos estágios de um mesmo sistema de avaliação.

O comportamento do crescimento, além de indicar a amplitude da idade biológica para cada idade e sexo, indica claramente que o tempo e a intensidade da maturação podem ser bem diferentes. Assim, o comportamento da maturação biológica poderia ser mais claramente determinado baseando-se no tempo (compreendido como o momento cronológico em que ela ocorre, sendo possível a identificação de seus momentos inicial e final) e na intensidade (duração temporal da maturação) (Figura 4.1).

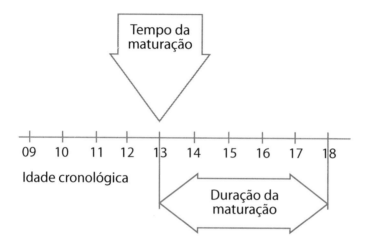

FIGURA 4.1 – Esquema representativo de dois eventos ocorrentes na maturação biológica: tempo e duração.

Em uma determinada idade, algumas crianças poderão iniciar a maturação mais cedo que outras, o que não impede que todas alcancem o estágio adulto. Apesar de duas crianças estarem na mesma idade cronológica, elas poderão estar com diferentes níveis de maturidade biológica.

4.2 CARACTERÍSTICAS DO DESENVOLVIMENTO PUBERTÁRIO

A adolescência é um período de rápido e intenso crescimento físico acompanhado de modificações profundas no organismo. Os hormônios desempenham um papel complexo, dando início às transformações metabólicas, controlando a velocidade das modificações. Eles são divididos em vários grupos que têm papeis específicos na transformação das crianças em adultos. Entre eles, destacam-se os hipotalâmico-pituitários, os hormônios de crescimento (GH), os tireoidianos, os paratireoidianos, os adrenais e corticais, os gonadais, as gonadotrofinas [que incluem o hormônio foliculoestimulante (FSH), o hormônio luteinizante (LH) e o estradiol (E^2) para a regularização da ovulação e do ciclo menstrual] e os sexuais (Malina et al., 2004).

Dentre as mudanças que ocorrem no período da adolescência está o crescimento da demanda energética ocasionado pelo aumento do volume muscular. A força muscular duplica dos 10 aos 16 anos de idade, coincidindo com as alterações somáticas, como o alargamento da pelve nas moças, e dos ombros, nos rapazes, além de mudanças fisionômicas e funcionais. Dentre as mudanças funcionais, destacam-se o incremento da pressão sanguínea sistólica e a elevação da quantidade de hemoglobina, aumentando consequentemente a capacidade do consumo de oxigênio e do volume de ejeção ventricular, com a diminuição do ritmo respiratório. Ocorrem ainda alterações neurais e bioquímicas, hiperativação das glândulas sebáceas e sudoríparas, susceptibilidade à acne, entre outras reações cutâneas (Gesell et al., 1978).

Os principais eventos fisiomorfológicos perceptíveis na maturação são o estirão do crescimento estatural, o desenvolvimento dos órgãos reprodutores e das respectivas características sexuais secundárias. As medidas do estado pubertário variam de acordo com o sistema biológico usado, mas os indicadores de maturidade mais utilizados para a avaliação do crescimento e da atividade física são: maturidade esquelética, maturidade sexual e maturidade somática. Todos eles são razoavelmente bem-relacionados entre si (Faulkner, 1996; Malina et al., 2004).

4.3 Avaliação da maturação

Primeiramente, deve-se distinguir idade *cronológica* de idade *biológica*. A idade *cronológica* é contada em anos, meses e dias em relação à data do nascimento. A idade *biológica*, por sua vez, é determinada pelo desenvolvimento maturacional de diversos sistemas e tecidos que compõem o corpo. Dentre as características do desenvolvimento a serem observadas, qualquer uma escolhida deve satisfazer a cinco condições. As condições para se definir maturação são:

- refletir mudanças em uma característica biológica;
- alcançar o mesmo estágio final em todos os indivíduos;
- mostrar um progresso contínuo, de tal forma que discretos estágios nesse *continuum* possam ser identificados;
- ser observável durante todo o processo de crescimento;
- ser independente de tamanho.

No corpo humano, são poucas as características de mudanças teciduais ou de sistemas que satisfazem às cinco condições citadas, simultaneamente, sendo as mudanças mais importantes observadas nos sistemas esquelético, somático e sexual. De qualquer modo, a opção por um procedimento de avaliação da maturação deve privilegiar a simplicidade e a praticidade na obtenção da classificação, a precisão das respostas ou medidas, o respeito à privacidade, o baixo custo operacional, a possibilidade de aplicação em grande escala, o treinamento do avaliador, entre outros (Guedes, 2000; Machado, 2004), mas, sobretudo, a ótima relação com os resultados do desempenho motor.

4.3.1 Avaliação da maturação esquelética

A maturação esquelética ou determinação da idade óssea é um método extremamente sensível para a avaliação da idade biológica e maturacional.

Os ossos são indicadores ideais de maturidade por desenvolverem-se em espaços curtos de tempo durante o crescimento. O fato de toda criança (normal) nascer com o esqueleto em forma de cartilagem e desenvolvê-lo completamente quando se torna adulta satisfaz o principal critério de avaliação maturacional, o da continuidade durante todo o processo de crescimento. A clara identificação de início e fim do desenvolvimento ósseo é conhecida, e a estrutura básica do esqueleto é igual em todos os indivíduos (Malina et al., 2004). Uma variação desse progresso ósseo a partir da cartilagem pode interferir em sua estrutura morfológica somente quando ocorrem algumas eventualidades intraindividuais, tais como doenças genéticas ou deficiências nutricionais (Marcondes, 1989).

Uma das formas encontradas para determinar maturidade é monitorar o desenvolvimento ósseo mediante o uso dos padrões preestabelecidos em clichês radiográficos (raios X). Diversas áreas do esqueleto têm sido utilizadas na determinação da maturação esquelética, como os joelhos, os pés e os tornozelos. Mas a região punho-mão é razoavelmente típica do desenvolvimento esquelético, por possuir quase todos os tipos de ossos existentes no corpo humano e por fornecer a base primária para a avaliação da maturidade esquelética (Greulich e Pyle, 1959; Malina et al., 2004).

Essas mudanças se dão pelo aparecimento dos centros de ossificação, ou seja, alterações específicas nos contornos ósseos, pelo tempo e pela sequência da calcificação final do estágio de crescimento (Zerin e Hernandez, 1991). Cada córtex de massa óssea em expansão é cercado por uma cartilagem vital, um aro, que é sempre diferenciado no segmento da área ossificada até que o osso alcance tamanho e formato adultos (Greulich e Pyle, 1959). Sendo assim, a monitoração do desenvolvimento ósseo é um recurso potencialmente útil para a avaliação do carpo ósseo durante o crescimento (Canovas et al., 2000) e pode ser realizada mediante métodos de análise por imagem.

No meio clínico pediátrico, a avaliação da maturação esquelética é importante tanto para análise do desenvolvimento como para detecção de doenças do crescimento. Qualquer anomalia na formação ou no tempo do desenvolvimento esquelético pode indicar desarranjos bioquímicos ou genéticos.

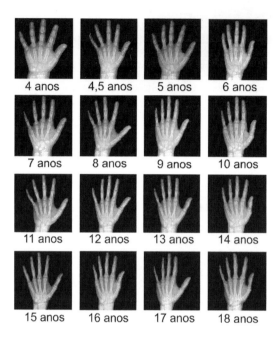

FIGURA 4.2 – Radiografias do desenvolvimento ósseo da região rádio-distal de meninos de 4 a 18 anos.

Alguns métodos estão disponíveis para comparações radiográficas dos ossos de punho e mãos, publicados em livros denominados *Atlas*. Os Atlas mais comumente utilizados são os de Greulich e Pyle (1959), Tanner et al. (1983) e o método FELS, descrito por Roche et al. em 1988. A escolha do Atlas, portanto, deve ser considerada quando a população de crianças e adolescentes é avaliada, pois cada Atlas reflete as mudanças de crescimento de diferentes grupos populacionais.

Outros métodos de análise por imagem estão disponíveis no meio clínico, podendo envolver métodos de ressonância magnética ou absortometria de raios X de dupla energia (DXA). A análise por tomografia computadorizada do punho-mão, por exemplo, é outro método quantitativo que permite medidas do volume de cada carpo ósseo, eixo de inércia e média da densidade óssea.

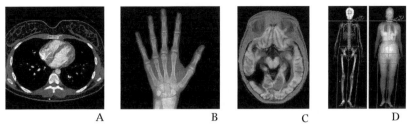

A B C D

FIGURA 4.3 – Resultados de diferentes métodos de análise por imagem: A) tomografia computadorizada (TC); B) radiografia convencional (RX); C) imagem por ressonância magnética (IRM); D) absortometria de raios X (DXA).

A avaliação da idade óssea é eficiente nas comparações entre porções ósseas infantis e a padronização prestabelecida para uma população de crianças. Todavia, diferenças étnicas podem ser importantes fatores a serem considerados, uma vez que as características e particularidades de uma população estudada são determinantes para a precisão dos resultados (Cox, 1997).

Quando bem-utilizada, a avaliação da maturação esquelética pode ser um referencial de maior precisão que observações subjetivas, por exemplo, a mera observação do crescimento somático ou da avaliação sexual. Contudo, no ambiente escolar, em que o professor de Educação Física necessita de avaliações rápidas e baratas, esse método não é adequado. A avaliação da maturação óssea tem um custo operacional elevado, além de necessitar de um diagnóstico especializado e de envolver questões éticas relacionadas com exposição à radiação.

4.3.2 MATURAÇÃO SOMÁTICA (PICO DE VELOCIDADE DE CRESCIMENTO – PVC)

O crescimento somático pode ser definido como um processo em que os indivíduos alteram de modo contínuo a magnitude do seu tamanho e da sua forma corporal num dado intervalo de tempo (Maia e Lopes, 2001). Seu acompanhamento envolve monitoramento das variações antropométricas, sendo a idade do pico de velocidade de crescimento (PVC) em estrutura um dos seus mais importantes indicadores (Malina et al., 2004). Após o período imediato do nascimento, o aumento ponderoestatural apresenta os maiores ganhos até por volta dos 2 anos de idade, quando o declínio passa a ser evidente, culminando na puberdade, época em que ocorre o último estirão (puberal) do crescimento.

Gráfico 4.1 – Pico de velocidade de crescimento (PVC) da estatura durante os vinte primeiros anos de vida

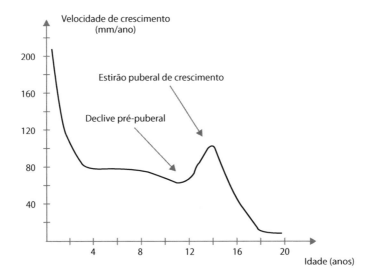

Durante o PVC da adolescência, ocorrem aceleração e desaceleração do crescimento esquelético, refletindo num grande incremento do crescimento ponderoestatural (Marshall e Tanner, 1989). A idade do PVC é o indicador mais frequentemente utilizado em estudos da maturidade somática de adolescentes (Malina et al., 2004). Assim, mediante o acompanhamento do crescimento, pode-se detectar o momento em que o indivíduo atinge o PVC (Gráfico 4.1). Nesse caso, seriam necessárias várias medidas da estatura durante um determinado período de tempo, o que tornaria esse método inviável para avaliações transversais (com uma única medida da estatura).

Nesse sentido, Mirwald et al. (2002) desenvolveram uma técnica prática e não invasiva, que requer apenas uma avaliação das medidas antropométricas, capaz de predizer a distância em anos em que um indivíduo se encontra da sua idade do PVC.

Gráfico 4.2 – Momento do pico de velocidade de crescimento de rapazes (A) e moças (B) para estatura, membros inferiores e altura troncocefálica (adaptado de Mirwald et al., 2002)

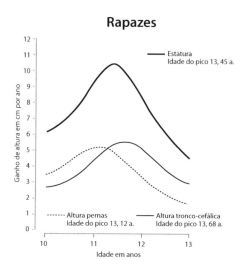

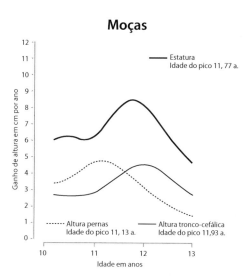

Usando algumas medidas do crescimento, como a estatura, a altura troncocefálica e a dos membros inferiores (Gráfico 4.2), pressupõe-se que as relações proporcionais de mudança entre o tamanho dos membros inferiores e a altura troncocefálica com a estatura forneçam uma indicação segura do PVC do adolescente (Mirwald et al., 2002).

Nesse tipo de avaliação são incluídas interações entre comprimento de perna e altura troncocefálica, idade e comprimento de pernas, idade e altura troncocefálica, bem como a razão entre peso e estatura. A partir dessas medidas do tamanho, o modelo matemático a seguir estimará a diferença do tempo que falta ou que sobrou do PVC, conforme descrito no Quadro 4.1:

Quadro 4.1 – Equações para cálculo do PVC para rapazes e moças

Rapazes (A)
PVC = - 9,236 + 0,0002708 (APxTC) - 0,001663 (IdxAP) + 0,007216 (IdxTC) + ((0,02292 (P/E)x100)
$(R = 0,94; R^2 = 0,891; EPE = 0,592)$
Moças (B)
PVC = - 9,376 + 0,0001882(APxTC) + 0,0022(IdxAP) + 0,005841(IdxTC) - 0,002658(IdxP) + ((0,07693 (P/E))x100)
$(R = 0,94; R^2 = 0,89; EPE = 0,569)$

Em que: AP = altura de perna; TC = altura troncocefálica; Id = idade; P = peso; E = estatura.

Índices aceitáveis de determinação e erro padrão da estimativa foram encontrados; além disso, os autores indicam que o modelo de predição pode estimar o estado maturacional com um pequeno erro de $\pm$ 1 ano, em 95% dos casos. Vamos exemplificar como calcular a idade do PVC de um rapaz de 13 anos de idade. Primeiramente mensuramos:

Estatura = 143,0	(medida em centímetros)
Peso = 31,0	(medido em quilogramas)
Altura troncocefálica = 70,3	(altura sentada em centímetros)
Altura de perna = 72,7	(estatura menos altura troncocefálica)

A seguir, substituímos os valores mensurados na equação correspondente para rapazes:

$$PVC = -9,236 + 0,0002708\,(APxTC) - 0,001663\,(IdxAP) + 0,007216\,(IdxTC) + ((0,02292\,(P/E)x100)$$

$$PVC = -9,236 + 0,0002708\,(72,7x70,3) - 0,001663\,(13x72,7) + 0,007216\,(13x70,3) + ((0,02292\,(31/43))x100)$$

$$PVC = -2,342\,(\text{anos do PVC})$$

Assim, podemos dizer que esse rapaz de 13 anos está a aproximadamente três anos (-2,3 anos) de atingir seu PVC.

Agora, considerando uma moça com a mesma idade (13 anos), basta utilizarmos o mesmo procedimento de cálculo com a equação para moças.

Estatura = 172,0	(medida em centímetros)
Peso = 54,0	(medido em quilogramas)
Altura troncocefálica = 88,0	(altura sentada em centímetros)
Altura de perna = 84,0	(estatura menos altura troncocefálica)

A seguir, substituímos os valores da equação correspondente para:

$$PVC = -9,376 + 0,0001882(APxTC) + 0,0022(IdxAP) + 0,005841(IdxTC) + 0,002658(IdxP) + ((0,07693\,(P/E))x100)$$

$$PVC = -9,376 + 0,0001882(84,0x88,0) + 0,0022(13x84,0) + 0,005841(13x88,0) - 0,002658(13x54,0) + ((0,07693\,(54,0/172))x100)$$

$$PVC = 1,648\,(\text{anos do PVC})$$

Como resultado, podemos verificar que a moça de 13 anos já ultrapassou o seu PVC em aproximadamente 1,7 anos. Ou seja, em relação ao rapaz, a moça alcançou o seu PVC aos 13 anos (± 0,6 cm) enquanto o rapaz o alcançaria aos 15,3 anos (± 0,6 cm). Uma diferença média de mais de quatro anos em sua maturação somática, considerando o cálculo do PVC.

O modelo original de Mirwald et al. (2002) propõe a possibilidade de classificação a partir de quatro anos do PVC, até antes e três anos após a sua ocorrência. A expressão gráfica dos dois exemplos anteriores numa linha contínua de tempo, com o PVC ocorrendo no ano zero, poderia ser assim representada:

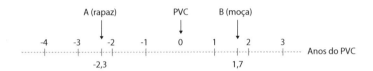

FIGURA 4.4 – Representação gráfica das diferenças em anos para o PVC para dois adolescentes de ambos os sexos com 13 anos.

4.3.3 MATURAÇÃO SEXUAL

Outra forma de identificar a maturação puberal é por meio da observação do desenvolvimento das características sexuais secundárias nos rapazes e nas moças, isto é, a maturação sexual é marcada pelo aparecimento das características sexuais primárias – relacionadas diretamente aos aparelhos reprodutivos em ambos os sexos (útero, desenvolvimento do ovário, testículos, produção de esperma) – e secundárias (dimorfismo sexual externo: seios e menarca para as moças, pelos pubianos em ambos os sexos, desenvolvimento do pênis, do volume dos testículos, pelos faciais e modificação de voz nos rapazes).

Os pelos pubianos são os caracteres sexuais secundários mais utilizados em avaliações de adolescentes, permitindo inclusive a autoavaliação (Matsudo e Matsudo, 1995), variando sob as mesmas quantidades de estágios para rapazes e moças. Já os pelos faciais, axilares e a mudança da voz variam em número diferente de estágios, além de dificilmente representarem de forma consistente todas as modificações do período pubertário. Essa dificuldade está relacionada à sua enorme influência genética, de modo similar ao que ocorre com o desenvolvimento mamário para as moças.

Embora o crescimento dos pelos pubianos ocorra continuamente com o passar do tempo, Tanner (1962) popularizou uma forma de avaliação dos estágios de desenvolvimento sexual, mediante cinco padrões fotográficos que refletem os cinco estágios numa escala ordinal. Ou seja, um estágio seguinte a outro revela um nível mais avançado de desenvolvimento, portanto, deverá ser indicado por um número (de 1 a 5) e representará o estado atual do progresso do desenvolvimento daquela característica, mediante comparações com fotos típicas dos cinco estágios de desenvolvimento, independentemente da idade e do tamanho:

- estágio 1: estado pré-pubertário;
- estágio 2: início da maturação sexual;
- estágio 3: maturação sexual intensa;
- estágio 4: final da maturação sexual;
- estágio 5: maturidade sexual ou estágio adulto.

Esse método pode ser aplicado por observação médica ou autoavaliação pelo adolescente. São várias as características sexuais secundárias que poderão ser avaliadas pelos padrões de estágios propostos por Tanner (1962), como o tamanho dos genitais masculinos, o tamanho das mamas, a distribuição das pilosidades pubiana e axilar em ambos os sexos, e a distribuição dos pelos faciais nos rapazes. A avaliação mais popularizada nos estudos de larga escala, como aqueles que os professores de Educação Física precisam utilizar, é a autoavaliação da pilosidade pubiana, porque em ambos os sexos ela ocorre de forma semelhante.

Em ambos os sexos, o estágio 1 demonstra ausência dos pelos pubianos, o que na escala de desenvolvimento caracteriza o estágio de pré-pubescência (ou pré-púberes). O estágio 2 representa o crescimento discreto de pelos longos, finos e lisos (pouco encaracolados), na base do pênis para os rapazes e ao longo dos grandes lábios vaginais nas moças. A presença dessa característica da pilosidade pubiana assegura o início do estágio da pubescência (ou púberes). No estágio 3, os pelos tornam-se mais escuros, mais espessos e mais encaracolados, distribuindo-se na região pubiana, para ambos os sexos. No estágio 4, os pelos já exibem as características observadas nos adultos em ambos os sexos, mas a sua área de distribuição ainda é reduzida, não sendo distribuídos na região interna da coxa. O estágio 5 e último representa as características e distribuição encontradas em indivíduos adultos, sendo os pelos pubianos distribuídos uniformemente na região das coxas (nos rapazes). Esse estágio assegura a condição de pós-pubescência (ou pós-púberes), para ambos os sexos.

As mudanças nas características físicas durante esse período e sua relação com o desenvolvimento fisiológico têm sido objeto de interesses atuais. Todavia, a necessidade de despir os jovens para determinar seu estágio maturacional por meio das características sexuais secundárias tem tornado a coleta de dados de grandes populações quase impossível. Saber se eles podem avaliar o seu próprio estágio maturacional, com precisão, deve facilitar a investigação, especialmente na área da pesquisa do comportamento, em que o exame físico não é indicado.

Não existe um protocolo definitivo quanto à administração da autoavaliação. A administração de uma autoavaliação precisa garantir a discrição dos procedimentos para evitar constrangimentos, especialmente quando envolve muitas crianças e adolescentes ao mesmo tempo. Além disso, fatores como diferenças entre os sexos (as meninas tendem a ser mais realistas na sua autoestimativa que os meninos), ambiente de aplicação de um questionário autoavaliativo, como quando ocorre em uma sala de aula, com rapazes e moças ao mesmo tempo, gera resultados imprevisíveis. Portanto, os procedimentos na administração da autoavaliação são importantes para assegurar resultados confiáveis do desenvolvimento maturacional entre os jovens.

Os procedimentos do teste parecem ser os que mais influenciam a fidelidade de seus resultados. A utilização de desenhos dos estágios de maturação pode diminuir a inibição da criança no momento da avaliação, além de proporcionar melhor identificação característica da pilosidade pubiana nos estágios iniciais, nem sempre perceptíveis nas fotos. A utilização de frases descritivas, nem sempre presente nos estudos, pode ser outra importante contribuição na compreensão das figuras no momento da autoavaliação. A presença do avaliador no momento do teste pode contribuir para esclarecer dúvidas particulares da criança, devendo, todavia, ser vigiada a não sugestão por parte do avaliador durante a indicação do avaliado.

O método pode ainda utilizar frases explicativas próximas de cada figura, como exemplificado a seguir, nas Figuras 4.5 e 4.6.

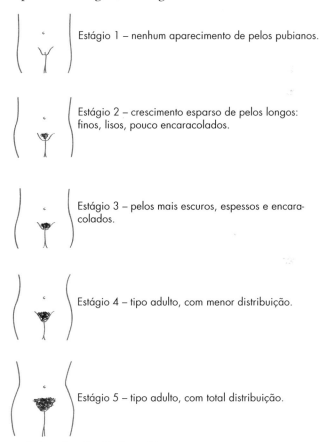

FIGURA 4.5 – Características da pilosidade pubiana para moças.

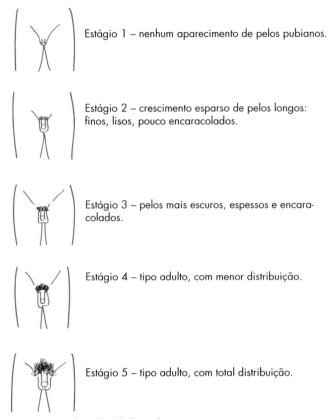

FIGURA 4.6 – Características da pilosidade pubiana para rapazes.

No Brasil, o mais importante e completo estudo sobre o desenvolvimento pubertário de crianças e adolescentes brasileiros foi publicado por Colli (1988), com base em dados transversais. Nele foram observadas as características sexuais secundárias – baseadas nos padrões de desenvolvimento sexual sugeridos por Tanner (1962), em função do sexo, da idade e do nível socioeconômico (NSE) de mais de 3.600 jovens de 10 a 19 anos de Santo André - SP. Os principais resultados, independentemente do NSE (Tabela 4.1), demonstraram que, para o desenvolvimento mamário, ocorreu uma enorme variabilidade nas idades do desenvolvimento dos estágios, provavelmente em razão da herança genética e da dificuldade de serem identificadas essas variações. Por exemplo, aos 10 anos de idade houve moças com desenvolvimento mamário nos estágios de 1 a 5 (maior proporção aos 10 anos, 47%). A partir dos 13 anos, praticamente não ocorreu o estágio 1; a partir dos 16 anos não ocorreu mais do estágio 3 para baixo; dos 17 aos 19 anos ocorreram apenas os estágios 4 e 5.

Tabela 4.1 – Classificação da média etária e do percentual de relação dos estágios pubertários, segundo Tanner (1962), para a população brasileira

Indicador maturacional	Estágios				
	Pré-púbere	Púbere			Pós-púbere
Características sexuais secundárias	1	2	3	4	5
Moças					
Desenvolvimento das mamas (anos)	–	11,3 ± 1,0	12,1 ± 1,1	14,3 ± 2,2	16,0 ± 2,1
Pelos pubianos (anos)	–	11,5 ± 1,2	12,1 ± 1,1	13,3 ± 1,7	15,8 ± 1,7
Relação mamas e pelos pubianos (%)	68,7	54,3	39,3	27,1	83,0
Relação pelos pubianos e OM[1] (%)	1,9	3,2	14,8	61,2	99,6
Rapazes					
Desenvolvimento dos genitais (anos)	–	12,0 ± 1,3	13,2 ± 1,3	14,7 ± 1,5	16,9 ± 1,6
Pelos pubianos (anos)	–	12,5 ± 1,2	13,5 ± 1,2	15,3 ± 1,8	16,2 ± 1,6
Relação genitais e pelos pubianos (%)	92,5	45,6	38,7	66,7	76,5

[1] OM – Ocorrência da menarca (adaptado de Colli, 1988).

Contudo, no caso da pilosidade pubiana, que pode ser observada com os mesmos padrões de desenvolvimento em ambos os sexos, os estágios ocorrem em idades diferentes, além de o aparecimento do PVC ocorrer em estágios também distintos. Em um estudo sobre esse tema, Sherar et al. (2004) avaliaram longitudinalmente a relação entre tempo de mudança da maturação sexual, valendo-se das diferentes características sexuais secundárias (pelos pubianos, pelos axilares, desenvolvimento das mamas e idade da menarca) e o PVC, para ambos os sexos.

Como resultado, os autores observaram que, embora o PVC pudesse ocorrer em diferentes estágios de maturação sexual de rapazes e moças, ele incidiu predominantemente no estágio 4 para os rapazes e no estágio 3 para as moças. Isso demonstraria que, no caso de adolescentes brasileiros, em média, o PVC relacionado com a maturação sexual ocorreria três anos antes para as moças do que para os rapazes, considerando a idade média dos estágios. No estudo de Sherar et al. (2004), as médias etárias das moças para cada estágio maturacional ocorreram um ano antes das dos rapazes. A idade média do PVC foi observada aos 11,8 anos para as moças e aos 13,6 anos para os rapazes, correspondendo ao estágio 4 da pilosidade dos rapazes e aos estágios 3 e 4 para as moças. Finalmente, os autores recomendaram que comparações maturacionais entre os sexos não fossem feitas considerando os estágios de pilosidade pubiana isoladamente. Para os autores, comparações do desempenho motor, do nível de atividade física ou da composição corporal devem ser apoiadas em outros indicadores maturacionais, como o PVC.

4.3.4 IDADE DA MENARCA

A menarca, primeira ocorrência da menstruação, pode ser compreendida como o principal marco maturacional das mulheres. A menarca é um excelente indicador do tempo da maturação sexual (Wellens e Malina, 1990), marca a passagem do período infantil à capacidade reprodutiva da vida adulta. A idade da menarca é registrada considerando o dia da sua ocorrência e o dia do nascimento, sendo registrada em anos (idade cronológica).

Diferentemente dos rapazes, que não conseguem se lembrar do dia exato ou aproximado da sua primeira ejaculação (evento maturacional masculino, correspondente à menarca, chamado espermarca), para as moças, em virtude da influência cultural, o dia da primeira menstruação é, na maioria das vezes, lembrado com precisão por até uma década da sua ocorrência. As transformações fisiológicas por que as moças passam, com a regularização dos ciclos menstruais, também são fatores que não permitem a elas esquecer tão rapidamente a ocorrência da menarca. Nesse caso, a avaliação da idade da menarca pode acontecer mediante questionário recordatório, que determina o dia exato ou aproximado do primeiro fluxo menstrual.

A média de idade da sua ocorrência tem variado de acordo com etnia ou região. Por exemplo, em adolescentes negras de Bantu (África do Sul), Oettlé e Higginson (1961) encontraram a idade média de 14,9 anos; em adolescentes europeias (belgas, holandesas, francesas, britânicas, alemãs, suecas e norueguesas), a média foi entre 12,8 e 13,4 anos (Wellens e Malina, 1990); em adolescentes da Catalunha, na Espanha, e em países do Mediterrâneo, a ocorrência foi um pouco mais cedo, 12,3 anos (Puente et. al., 1997); em adolescentes do Zaire, 13,2 anos (Rashid-Tozin et. al., 1984); e em adolescentes brancas da África do Sul, 12,4 anos (Cameron e Nagdee, 1996). Outras informações da idade média da menarca estão descritas na Tabela 4.2.

Tabela 4.2 – Idade da menarca em países desenvolvidos da América do Norte e na Europa

País – Cidade	Idade média da menarca (anos)
América do Norte	
Canadá (Montreal)	13,1
EUA (nacional)	12,4
México (Cidade do México)	12,4

Continua

Continuação

Europa	
Alemanha (Bremerhaven)	13,3
Bélgica (nacional)	13,2
Espanha (Galícia)	12,5
Europa	
França (Paris)	12,8
Holanda (nacional)	13,3
Noruega (Oslo)	13,2
Grécia (Atenas)	12,6
Itália (Roma)	12,4
Suécia (Estocolmo)	13,0
Suíça (Zurique)	13,4
Iugoslávia (Zagreb)	12,7
Rússia (Moscou)	13,0

Fonte: Adaptado de Malina, Bouchard e Bar-Or, 2004.

No Brasil, diversos estudos foram publicados e apresentaram a idade média da menarca de adolescentes brasileiras ao longo das duas últimas décadas. Entre eles, Violato e Matsudo (1983) encontraram uma média de 12,2 anos em adolescentes de Rolândia - PR; Borges e Pires Júnior (2000), encontraram 12,9 anos em adolescentes de Londrina - PR; Borges e Schwarztbach (2003), 12,2 anos em adolescentes de Marechal Cândido Rondon - PR; Benito et al. (1983) encontraram 12,13 anos em adolescentes de Guarulhos e São Bernardo - SP; De Bem e Petroski (1988) obtiveram médias de 12,5 e 12,6 anos em adolescentes catarinenses; Bolson (1998) obteve 11,5 em adolescentes de Santa Maria - RS; Petroski et al. (1999) encontraram média de 12,6 anos em adolescentes da grande Florianópolis - SC; e Machado e

Freitas Júnior (2002) obtiveram 10,88 anos em adolescentes de Presidente Prudente - SP. As médias obtidas nos diferentes estudos brasileiros são semelhantes entre si, não só durante a década de 1980, mas também até o final da década de 1990. No principal estudo brasileiro (INAN, 1990), a idade média da menarca foi de 13,2 anos, variando em até um ano para os estudos relacionados tanto em período anterior como em período posterior ao divulgado. A média brasileira não é diferente das médias observadas nas diferentes populações do mundo.

Sobre os possíveis fatores que mais influenciam o aparecimento da menarca, o estado nutricional da adolescente é o mais importante, pois níveis muito baixos de gordura corporal, abaixo de 20%, podem inibir o ciclo ovulatório, atrasando, nesse caso, o aparecimento do primeiro ciclo menstrual. Outro fator importante está na região geográfica em que vivem, pois as regiões de climas quentes parecem exercer uma influência positiva na menarca, fazendo-a ocorrer mais cedo do que nas adolescentes que vivem em regiões mais frias (Bojlén e Bentzon, 1968).

4.4 IMPLICAÇÕES DA MATURAÇÃO NO DESENVOLVIMENTO E NO DESEMPENHO DA APTIDÃO FÍSICA

A maturação biológica é um processo de importantes alterações fisiológicas que se manifestam de forma mais intensa durante a adolescência. Por consequência, as diferenças de desempenho motor nas comparações entre sujeitos de maturação adiantada com os normais ou atrasados (Matsudo e Matsudo, 1995) tornam necessária a classificação maturacional permanentemente no âmbito escolar e no esportivo ou nas pesquisas realizadas com crianças e adolescentes (Mirwald et. al., 2002; Bergmann et. al., 2007).

Durante a maturação ocorrem períodos favoráveis ao aumento de determinadas capacidades motoras durante ou imediatamente após o período de maturação sexual, por volta dos 13 anos de idade em ambos os sexos (Eckert, 1993). Essa capacidade elevada em relação aos períodos anteriores resulta do aumento das dimensões corporais, do aumento da força e da maior eficiência da atividade fisiológico-funcional, típicos na fase da puberdade.

Como no crescimento somático, o desempenho motor também passa por um período de *estirão,* durante o período pubertário (Viru et al. 1999). O estirão do desempenho motor da pré-adolescência ocorre dos 5 aos 9 anos de idade, independentemente do sexo. Na adolescência, porém, ocorre dos 12 aos 16 anos para os rapazes e dos 11 aos 15 anos para as moças. Pode haver alguma variação quanto ao tipo de observação do estado maturacional (pico de velocidade de crescimento ou maturação sexual) e à idade correspondente ao desempenho motor, entretanto, a média de ocorrência do estirão apresenta certa proximidade etária em ambas as formas de avaliação (Tabela 4.3).

Tabela 4.3 – Resumo de alguns estudos dos períodos etários de maior implementação em algumas capacidades motoras

	Pré-adolescência	Adolescência	
		Rapazes	Moças
Força muscular	5 – 9	13 – 16	11 – 15
Força explosiva	5 – 9 / 7 – 11	12 – 13	9 – 13
Velocidade	5 – 9 / 7 – 11	12 – 16	13 – 16
Resistência aeróbia	5 – 9 / 7 – 10	12 – 15	12 – 16

Fonte: Adaptado de Viru et al. (1999).

Nos últimos anos da primeira década de vida, o progresso maturacional do sistema nervoso permite alcançar as maiores potencialidades das diferentes tarefas motoras. Dentre as importantes condições que podem aparecer nesse período, destaca-se uma discreta hipertrofia cardíaca e aumento da eficiência do transporte de oxigênio, que tem como resultado a melhora da capacidade funcional aeróbia, no período etário dos 11 aos 14 para as moças e dos 12 aos 15 para os rapazes, considerando o tipo de avaliação da maturação. Todavia, a melhoria do sistema de transporte oxidativo não deve ser considerada como fundamento para o aumento da velocidade e da força muscular. Ou seja, a melhora da capacidade funcional depende tanto da hipertrofia do miocárdio como de agentes anabólicos durante a maturação sexual. Um dos efeitos é o aumento das respostas neuromusculares durante a puberdade, que garante uma melhor utilização do sistema energético aeróbio em desempenho de resistência (Viru et al., 1999).

O acelerado aumento do desempenho motor no final da maturação sexual ocorre em razão da maior eficiência do sistema cardiorrespiratório e da estrutura musculoesquelética. As elevações dos níveis de testosterona nos rapazes, em conjunto com outros hormônios, são as principais responsáveis pelo maior aumento da massa muscular em relação às moças. A quantidade de testosterona nas moças é detectável apenas até o estágio 2 da maturação sexual (Viru et al., 1999).

As capacidades físicas básicas, como velocidade, força e resistência motora progridem continuadamente do nascimento até os 16 anos, de maneira mais acentuada nos rapazes (Barbanti, 1989). Isso sugere que a relação da força e da resistência motora com os processos de maturação e desenvolvimento é maior que com períodos sensíveis de desenvolvimento.

Baur (1990) defende a influência da experiência motora anterior como base para novas e futuras exigências motoras. As fases de desenvolvimento para a formação desportiva são classificadas como básica (fundamental), intermediária (especialização) e de aprofundamento (treinamento específico). Uma criança de 12 anos, em relação a uma de 7, terá tido mais tempo de experiências motoras e, portanto, deverá chegar mais rápido ao estágio de desempenho motor objetivado; deveria, porém, ser treinada em todas as fases.

Outro fator é a influência do meio ambiente no desempenho motor. Por exemplo, quando uma criança passa de um ambiente familiar, no convívio de seus pais, para outro de maiores exigências, se estiver envolvida em programas de Educação Física Escolar ou na frequência a clubes, o contato com colegas de maior idade poderá aumentar notadamente sua capacidade de aprendizagem (Baur, 1990).

Diferentes níveis de maturação podem ser encontrados num mesmo grupo etário ou numa mesma série escolar, sendo importante para o educador estar ciente dessa variabilidade e conhecer as mudanças fisiológicas e morfológicas típicas no período puberal. A maturação deve incidir diretamente sobre a aptidão motora, portanto, o conhecimento do seu nível no planejamento de atividades motoras para crianças e adolescentes seria desejável; para isso, também seria necessário eleger adequados indicadores maturacionais que expressassem corretamente seu estado.

4.5 Considerações finais

Os fenômenos envolvendo o crescimento e suas relações com o desempenho motor ocorrem em diferentes idades cronológicas. Os profissionais de Educação Física e do Esporte que atuam com crianças e adolescentes precisam ser esclarecidos sobre quando, como e quanto essa relação pode se refletir nas respostas motoras, isto é, as avaliações controladas apenas pela idade e pelo sexo podem apresentar possíveis "injustiças" para os resultados do desempenho motor entre indivíduos da mesma idade cronológica, mas com estágios maturacionais diferentes.

Assim, quando a intenção dos educadores físicos na condução da prática motora for agrupar seus orientados segundo as capacidades de desempenho motor, poderão fazê-lo com certa segurança com base nas informações do seu *status* maturacional. Entretanto, fica evidente a necessidade de maior investigação dos fatores envolvendo o crescimento, o desenvolvimento e os fenômenos envolvidos no período da adolescência e sua relação com o desempenho motor em diferentes idades do crescimento humano.

4.6 REFERÊNCIAS

ARMSTRONG, N.; WELSMAN, J. R. Assessment and Interpretation of Aerobic Fitness in Children and Adolescents. *Exerc. Sport Sci. Rev.*, v. 22, p. 435-76, 1994.

BARBANTI, V. J. Desenvolvimento das capacidades físicas básicas na puberdade. *Rev. Paul. Ed. Fís.,* v. 3, n. 5, p. 31-7, 1989.

BAUR, J. Entrenamiento y Fases Sensibles. *Stadium*, v. 24, n. 142, p. 7-12, ago. 1990.

BENITO, S. C. S.; MENDES O. C.; MATSUDO, V. K. R. Idade da menarca em diferentes níveis de competição no basquetebol. *Rev. Bras. Ciênc. Esp.,* v. 4, n. 3, p. 91-4, 1983.

BERGMANN, G. G. et al. Pico de velocidade em estatura, massa corporal e gordura subcutânea de meninos e meninas dos 10 aos 14 anos de idade. *Rev. Bras. Cineantropom. Desemp. Hum.,* v. 9, n. 4, p. 333-8, 2007.

BOJLÉN, K.; BENTZON, M. W. The Influence of Climate and Nutrition on Age at Menarche: A Historical Review and a Modern Hypothesis. *Hum. Biol.,* v. 40, p. 69-85, 1968.

BOLSON, B. *Maturação sexual em escolares do sexo feminino da cidade de Santa Maria - RS.* 1998. Dissertação (Mestrado em Ciência do Movimento Humano) – Universidade Federal de Santa Maria, Santa Maria, 1998.

BORGES, G. A.; PIRES JÚNIOR, R. Idade da menarca em adolescentes de Londrina – PR. *Rev. Bras. Ativ. Fís. Saúde,* v. 5, n. 3, p. 5-11, 2000.

BORGES, G. A.; SCHWARZTBACH, C. Idade da menarca em adolescentes de Marechal Cândido Rondon - PR. *Rev. Bras. Cineantropom. Desemp. Hum.*, v. 5, n. 2, p. 15-21, 2003.

CAMERON, N.; NAGDEE, I. Menarcheal Age in two Generations of South Africans Indians. *Ann. Hum. Biol.*, v. 23, n. 2, p. 113-9, 1996.

CANOVAS, F. et al. Assessment of Carpal Bone Maturation by Imaging: An Alternative to Bone Determination or a Complementary Study? *Archiv. Pediat.*, v. 7, n. 9, p. 976-81, 2000.

COLLI, A. S. *Crescimento e desenvolvimento pubertário em crianças e adolescentes brasileiros*. São Paulo: Brasileira de Ciências, 1988. (Maturação sexual, v. 6).

COX, L. A. The Biology of Bone Maturation and Ageing. *Acta Paediat.*, Stockholm, n. 423, p. 107-8, 1997. Supplement.

DE BEM, M. F. L.; PETROSKI, E. L. Maturação sexual em escolares de diferentes regiões climáticas. *Rev. Bras. Ciênc. Mov.*, v. 2, n. 4, p. 27-31, 1988.

ECKERT, H. M. *Desenvolvimento motor*. 3. ed. São Paulo: Manole, 1993.

FAULKNER, R. Maturation. In: DOCHERTY, D. (Ed.). *Measurement in Pediatric Exercise Science*. Ottawa: Canadian Society for Exercise Physiology, 1996.

GUEDES, D. P. Implicações no estudo da composição corporal. In: AMADIO, A. C.; BARBANTI, V. J. *A biodinâmica do movimento humano e suas relações interdisciplinares*. São Paulo: Estação Liberdade, 2000.

GESELL, A.; ILG, F. L.; AMES, L. B. *O jovem dos 10 aos 16 anos*. Lisboa: Publicações Dom Quixote, 1978.

GREULICH, W. W.; PYLE, S. I. *A Radiographic Atlas of Skeletal Development of Hand and Wrist*. 2. ed. Stanford: Stanford University Press, 1959.

INAN. *Perfil de crescimento da população brasileira de 0 a 25 anos*. Pesquisa nacional sobre saúde e nutrição. Brasília: Ministério da Saúde, 1990.

MACHADO, D. R. L.; FREITAS JÚNIOR, I. F. Ocorrência da menarca em relação ao estado maturacional. In: SIMPÓSIO INTERNACIONAL DE CIÊNCIAS DO ESPORTE, NOVAS FRONTEIRAS PARA O MOVIMENTO, 25., 2002, São Paulo. *Anais...* São Paulo: v. 10, p.184, 2002.

MACHADO, D. R. L. *Maturação esquelética e desempenho motor em crianças e adolescentes*. 2004. 91f. Dissertação (Mestrado em Biodinâmica do Movimento Humano) – Escola de Educação Física e Esporte São Paulo, Universidade de São Paulo, 2004.

MAIA, J. A. R.; LOPES, V. P. Desenvolvimento da força muscular em crianças e jovens. Uma nota auxológica breve. Perspectivas XXI. *Dossier Ciênc. Desp. Edu. Fís.*, n. 7, p. 20-39, 2001.

MALINA, R. M.; BOUCHARD, C.; BAR-OR, O. *Growth, Maturation and Physical Activity*. 2. ed. Champaign: Human Kinetics, 2004.

MARCONDES, E. *Crescimento normal e deficiente*. 3. ed. São Paulo: Sarvier, 1989.

MARSHALL, W. A.; TANNER, J. M. Puberty. In: FALKNER, F.; TANNER, J. M. *Human growth*. 2. ed. New York: Plenum Press, 1989. v. 2.

MATSUDO, V. K. R.; MATSUDO, S. M. M. Avaliação e prescrição de atividade física na criança. *Rev. Assoc. Prof. Educ. Fís. Londrina*, v. 10, n. 17, p. 46-55, 1995.

MIRANDA, S. M. O adolescente e as mudanças corporais. In: CARVALHO, A.: SALLES, F.; GUIMARÃES, M. (Org.). *Adolescência*. Belo Horizonte: Editora UFMG, 2003.

MIRWALD, R. L. et al. An Assessment of Maturity from Anthropometric Measurements. *Med. Sci. Sports Exerc.*, v. 34, n. 4, p. 689-94, 2002.

OETTLÉ, A. G.; HIGGINSON, J. Age at Menarche in South African Bantu (Negro) Girls: With a Comment on Methods of Determining Mean Age at Menarche. *Hum. Biol.*, v. 33, p. 181-90, 1961.

PETROSKI, E. L.; VELHO, N. M.; DE BEM, M. F. L. Idade da menarca e satisfação com o peso corporal. *Rev. Bras. Cineantropom. Desemp. Hum.*, v. 1, n. 1, p. 30-6, 1999.

PUENTE, M. L. et al. Cross-sectional Growth Study of The Child and Adolescent Population of Catalonia (Spain). *Ann. Hum. Biol.* v. 24, n. 5, p. 435-52, 1997.

RASHID-TOZIN, R. et al. Average Age at Menarche of Zairian Girls in Kin-shasa, Zaire. *Ann. Soc. Belge Med. Trop.*, v. 64, n. 1, p. 69-74, 1984.

ROCHE A. F. et al. *Assessing the skeletal Maturity of the Hand-wrist*: Fels method. Springfield: Thomas, 1988.

SHERAR, L. B.; BAXTER-JONES, A. D.; MIRWALD, R. L. Limitations to the Use of Secondary Sex Characteristics for Gender Comparisons. *Ann. Hum. Biol.,* v. 31, n. 5, p. 586-93, 2004.

TANNER, J. M. *Growth at Adolescence*. 2. ed. Oxford: Blackwell Scientific Publications, 1962.

TANNER, J. M. et al. *Assessment of Skeletal Maturity and Prediction of Adulth Weight (TW2 Method)*. 2. ed. London: Academic Press, 1983.

TANNER, J. M. Growth as a Mirror of the Condition of Society: Secular Trends and Class Distinctions. *Pediat. Internat.*, v. 29, n. 1, p. 96-103, 1987.

VIOLATO, P. R. S.; MATSUDO, V. K. R. Menarca em escolares da rede de ensino de Rolândia. *Rev. Bras. Ciênc. Esp.*, v. 5, n. 1, p. 29, 1983.

VIRU, A. et al. Critical Periods in the Development of Performance Capacity during Childhood and Adolescence. *Eur. J. Phys. Educ.*, v. 4, n. 1, p. 75-119, 1999.

WELLENS, R.; MALINA, R. M. The Age of Menarche Growth and Fitness of Flemish Girls. *Sport Sci. Monog. Ser.*, v. 3, p.118-25, 1990.

ZERIN, J. M.; HERNANDEZ, R. J. Approach to Skeletal Maturation. *Hand Clin.*, v. 7, n. 1, p. 53-62, 1991.

Análise das medidas antropométicas em jovens

Edílson Hobold | Miguel de Arruda

5

Este capítulo tem por objetivo, baseado na literatura nacional e internacional, abordar a utilização das medidas antropométricas mais comumente usadas para avaliar jovens. Estruturamos este capítulo iniciando com conceitos gerais da antropometria, destacando, posteriormente, as técnicas de medidas antropométricas, a aplicabilidade das medidas antropométricas, o comportamento das medidas antropométricas na infância e, por fim, a utilização da antropometria em um estudo transversal.

5.1 A ANTROPOMETRIA

Cada indivíduo possui suas características determinadas geneticamente. Essas características podem sofrer ainda influência do meio em que cada indivíduo vive, surgindo assim diferentes proporções, formas e tamanhos.

A antropometria possibilita a identificação e mensuração dessas variáveis. Antropometria é um termo de origem grega que denota a medida (*métron*) do homem (*anthropos*). Para Velho et al. (1993), a antropometria serve para a determinação objetiva dos aspectos referentes ao desenvolvimento do corpo humano, assim como para determinar as relações existentes entre físico e *performance*.

A antropometria detém importância fundamental nos estudos do homem, e com base nela é que se puderam diversificar e complementar os estudos pela história. Estudos da composição corporal, somatotopia e proporcionalidade são possíveis valendo-se de técnicas de medidas provindas da antropometria (Martins e Waltortt, 2003).

Ross e Marfell-Jones (1991) destacam que a antropometria possibilita medir e avaliar o tamanho, a forma, a proporção e a composição corporal, enquanto a cineatropometria abrange, além dessas, a maturação e a função.

A cineantropometria, por sua vez, é considerada uma área mais recente, entretanto, o termo, segundo Petroski (1999), é de origem grega, sendo: movimento (*kinésis*), homem (*anthropos*) e medida (*métron*). Assim, entendemos que cineantropometria é a medida do movimento humano.

Para Simões (2008), há muito o homem sente necessidade de estudar e classificar o ser humano, em seus mais distintos aspectos morfológicos. Portanto, essa técnica, classificada atualmente como cineantropometria, tem seus antecedentes paralelos à existência do homem.

5.2 Técnicas de medidas antropométricas

Considerando o objetivo deste capítulo, passaremos a apresentar algumas padronizações das técnicas para a obtenção do perfil antropométrico de uma criança ou de um adolescente. Ressaltamos que muitas outras existem; entretanto, optamos por apresentar aquelas que consideramos mais comumente utilizadas.

5.2.1 Estatura

Conforme Norton e Olds (2005), existem três técnicas gerais na medição de estatura: livre em pé, alongado e deitado. A deitada pode ser usada em crianças de até 2 ou 3 anos ou em adultos impossibilitados de ficar em pé. Os outros dois métodos apresentam pequena diferença de valores. É importante lembrar que haverá variação diurna. Geralmente, os indivíduos são mais altos pela manhã que ao entardecer. Uma perda de aproximadamente 1% em estatura é comum durante o período de um dia (Reilly et al., 1984; Wilby et al., 1985).

Considerando essa informação, sempre que possível as reavaliações devem ser feitas no mesmo horário da avaliação.

5.2.1.1 Equipamento

Quando a coleta de dados ocorrer no laboratório, sugere-se a utilização de um estadiômetro que tenha uma variação mínima de medida de 60 a 210 cm. A precisão de medida é de 0,1 cm.

Quando a coleta de dados for realizada em campo e não houver possibilidade de utilização do estadiômetro, poder-se-á utilizar uma fita métrica, com escala de 0,1 centímetro. Essa fita deve ser fixada em uma parede de alvenaria totalmente lisa e sem rodapé, para que não haja diferença nas medidas. Sugere-se a utilização de um esquadro de 90° para auxiliar na leitura da medida.

5.2.1.2 Método

O indivíduo deve permanecer com os pés juntos e os calcanhares, as nádegas e a parte superior das costas encostados na escala. A cabeça, quando posicionada no plano Frankfurt, não necessita tocar a escala. Os braços devem ficar livres ao longo do tronco. O avaliado é instruído a respirar fundo e a manter o ar nos pulmões. A cabeça deve continuar no plano Frankfurt, e o avaliador deve tracionar para cima levemente os processos mastoides.

Posteriormente, coloca-se o esquadro firmemente sobre o vértex, pressionando contra o cabelo o máximo possível. A medida é tomada ao final de uma inspiração profunda.

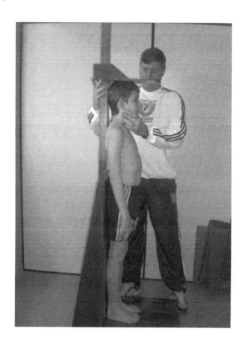

FIGURA 5.1 – Mensuração da estatura.

5.2.2 MASSA CORPORAL

A massa corporal apresenta variação diurna de cerca de 1 kg em crianças e de 2 kg em adultos (Sumner e Whitacre, 1931). Os valores mais estáveis são os obtidos rotineiramente pela manhã, 12 horas depois de se alimentar e depois de evacuar. Já que nem sempre é possível padronizar o horário da medição, será importante a hora do dia em que as medidas forem feitas.

5.2.2.1 Equipamento

O instrumento de medida é a balança com braço de metal ou as balanças eletrônicas portáteis que contêm uma célula carregável. Elas devem ter precisão de 50 ou 100 g.

5.2.2.2 Método

A massa nua poderá ser obtida se pesarmos as roupas usadas durante a medição e subtrairmos esse valor do peso final. Geralmente, com pouca roupa a medição da massa ainda é suficientemente precisa. Primeiro, é importante certificar-se de que a leitura na balança seja zero; em seguida, o indivíduo deve posicionar-se no centro da balança e, sem ajuda, manter o peso bem-distribuído entre os dois pés. A cabeça permanece firme, e os olhos devem direcionar-se diretamente para frente.

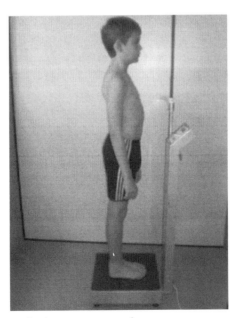

Figura 5.2 – Mensuração da massa corporal.

5.2.3 Dobras cutâneas (DC)

As dobras cutâneas aqui apresentadas e a sua padronização servirão de base para o desenvolvimento das equações preditivas do percentual de gordura corporal (%G), massa gorda (MG) e massa corporal magra (MCM) específicas para crianças e adolescentes compreendidos na faixa etária de 7 a 17 anos. Essas equações serão apresentadas e detalhadas mais à frente neste capítulo.

É imprescindível destacar que resultados confiáveis dependem da qualidade dos dados coletados, e estes são padronizados nacional e internacionalmente. Sugere-se a realização de três medidas, preferencialmente alternadas, sendo utilizado para cálculo o valor intermediário obtido. Os pontos anatômicos e as descrições aqui apresentados baseiam-se nos parâmetros de Ross e Marfell-Jones (1991) e são endossados pela International Society for the Advancement of Kinanthopometry (ISAK). A descrição foi adaptada de Norton e Olds (2005).

5.2.3.1 Dobra cutânea tricipital (TR)

O avaliado deve colocar-se em posição ortostática com o cotovelo flexionado a aproximadamente 90°. Detecta-se e, preferencialmente, marca-se com uma caneta hidrográfica ou dermográfica o ponto médio entre a projeção do processo acromial da escápula e a borda inferior do olecrânio da ulna, na linha média da parte posterior do braço direito (em cima do músculo tríceps). Posteriormente, solicita-se que o avaliado relaxe o braço. A dobra cutânea do tríceps deve ser pinçada com os dedos polegar e indicador, aproximadamente 1 cm acima do nível da marca, e as pontas do adipômetro devem ser aplicadas sob a marca.

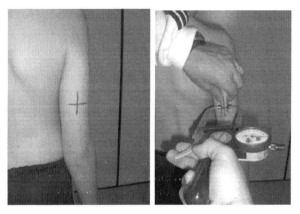

FIGURA 5.3 – Mensuração da dobra cutânea tricipital.

5.2.3.2 Dobra cutânea subescapular (SE)

O avaliado deve ficar em posição ortostática. O local da medida deve ser marcado, com caneta hidrográfica ou dermográfica, 2 cm ao longo da linha que desce lateral e obliquamente a partir do ponto de referência escapular, num ângulo de aproximadamente 45°, determinado pela dobra natural da pele. A dobra é pinçada pelos dedos polegar e indicador, e as pontas do adipômetro são aplicadas sob a marca.

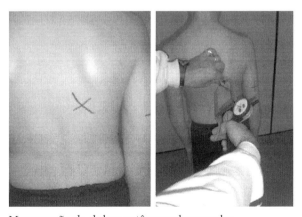

FIGURA 5.4 – Mensuração da dobra cutânea subescapular.

5.2.3.3 Dobra cutânea bicipital (BI)

A dobra cutânea é destacada com o polegar esquerdo e com o dedo indicador na linha acromial radial média, de forma que a dobra esteja posicionada verticalmente, ou seja, paralela ao eixo longitudinal do braço superior. O indivíduo se posiciona com o braço relaxado, com a articulação do ombro em leve rotação externa e o cotovelo estendido. A dobra é localizada na face mais anterior do braço direito. É importante certificar-se de que o ponto marcado para dobra cutânea do bíceps esteja na superfície anterior dele, visualizando o braço lateralmente, enquanto estiver na posição anatômica. O local marcado deve ser visto de lado, provando que esse é o ponto mais anterior (no nível da linha acromial radial média).

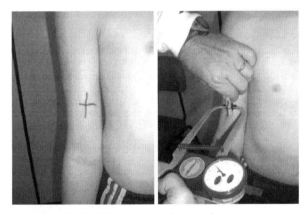

Figura 5.5 – Mensuração da dobra cutânea bicipital.

5.2.3.4 Dobra cutânea suprailíaca (SI)

A dobra cutânea é marcada imediatamente acima da crista ilíaca, na linha ilioaxilar. O indivíduo abduz o braço direito horizontalmente ou coloca-o no peito, descansando a mão direita no ombro esquerdo. Com os dedos alinhados da mão esquerda na crista ilíaca, faça pressão para dentro, de maneira que os dedos rolem sobre a crista ilíaca. Substituindo o polegar esquerdo por esses dedos, reponha o dedo indicador a certa distância, superior ao polegar, de forma que segure a dobra cutânea a ser medida. A dobra segue ligeiramente para baixo em direção ao plano mediano do corpo.

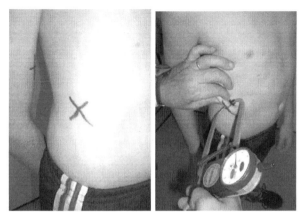

FIGURA 5.6 – Mensuração da dobra cutânea suprailíaca.

5.2.3.5 DOBRA CUTÂNEA PANTURRILHA MEDIAL (PM)

Com o indivíduo sentado ou com o pé sobre uma caixa (joelho a 90°) e com a panturrilha relaxada, a dobra verticalmente é destacada no lado medial da panturrilha no nível em que a circunferência é maior. Essa circunferência é determinada durante as medições das circunferências. O nível deve ser marcado no lado medial da panturrilha durante esse processo. Visualize o local marcado de frente para garantir que o ponto mais medial tenha sido corretamente identificado.

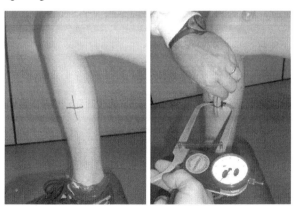

FIGURA 5.7 – Mensuração da dobra cutânea panturrilha medial.

5.3 Aplicação das medidas antropométricas

Existem diversas aplicabilidades das medidas antropométricas. Sem perder de vista a praticidade das análises, passamos a apresentar algumas das formas de se utilizar as medidas que foram padronizadas anteriormente.

5.3.1 Índice de massa corporal (IMC)

O cálculo desse índice é relativamente simples, assim como as variáveis que o compõem também são coletadas facilmente. Guedes e Guedes (2006) ressaltam a preocupação em relação à interpretação dos resultados, uma vez que alguns pontos de cortes estabelecidos como referenciais muitas vezes foram criados de maneira arbitrária, fato esse que gera algumas polêmicas entre os especialistas das áreas. Sendo assim, sugerimos que esse índice seja amplamente usado, entretanto, ressalvado o cuidado nas escolhas das normas ou dos critérios utilizados para a sua interpretação.

Esse índice também é conhecido como índice de Quetelet. Baseado nos dados de estatura e massa corporal, pode-se aplicar a seguinte equação preditiva:

$IMC \ (kg/m^2) = MC \ (kg) \ / \ EST(m)^2$

MC = Massa corporal em quilogramas

EST = Estatura em metros elevado ao quadrado

Como exemplo, supondo uma criança do gênero masculino de 10 anos de idade com uma massa corporal de 34 kg e estatura de 1,54 m, podemos estimar o IMC da seguinte maneira:

$IMC = 34 \ / \ (1,54 \ x \ 1,54)$

$IMC = 34 \ / \ 2,37$

$IMC = 14,35 \ kg/m^2$

5.3.2 Composição corporal (CC)

A composição corporal é considerada um componente da aptidão física relacionada à saúde, em virtude das relações que existem entre a quantidade e a distribuição de gordura corporal com alterações no nível de aptidão física e no estado de saúde das pessoas (AAHPERD, 1980; Barbanti, 1982; Böhme, 1994; Bouchard et al., 1990; Costa, 2001; Faria Júnior, 1992; Lopes e Pires Neto, 1996; Must et al., 1991; Nieman, 1999; Safrit e Wood, 1989).

Considerando a abordagem multicomportamental da Composição Corporal (Guedes e Guedes, 2006), apresentam-se quatro modelos:

- clássico: fraciona o corpo em gordura e massa isenta de gordura, sendo esta última composta por água, osso, mineral não ósseo e proteína;
- bicompartimental: como o próprio nome sugere, esse modelo fraciona o corpo em dois componentes, sendo gordura e massa isenta de gordura;
- tricompartimental: o fracionamento é feito em relação a três componentes: gordura, água e massa seca isenta de gordura;
- tetracompartimental: consideram-se quatro componentes: gordura, água, mineral e resíduo.

Uma quantidade considerável de estudos tem optado por utilizar a abordagem bicompartimental. Para tanto é necessário, inicialmente, estimar o percentual de gordura e, tendo como base essa informação, podemos calcular a massa de gordura (MG) e a massa isenta de gordura, comumente chamada de massa corporal magra (MCM).

Para o cálculo do percentual de gordura, destacaremos algumas equações preditivas descritas por Petroski (2003). Historicamente, Pariskova (1961) desenvolveu uma equação para meninas brancas e negras compreendidas na faixa etária de 9 a 12 anos, utilizando para isso as medidas das dobras cutâneas tricipital e subescapular:

$$\%G = 1,088 - 0,014(\log 10 \text{ TR}) - 0,036(\log 10 \text{ SE})$$

E para meninas brancas e negras compreendidas na faixa etária de 13 a 16 anos utilizando as mesmas dobras:

$$\%G = 1,114 - 0,031(\log 10 \text{ TR}) - 0,041(\log 10 \text{ SE})$$

Dentre as equações mais utilizadas na literatura, considerando crianças e adolescentes, podemos destacar inicialmente a proposta por Lohman (1986), que, valendo-se da equação preditiva desenvolvida por Boileau et al. (1985), apresentou a utilização de constantes por gênero e faixa etária também utilizando para essa finalidade os valores obtidos nas mensurações das dobras cutâneas tricipital e subescapular:

$$\%G = 1,35(\text{TR} + \text{SE}) - 0,012 \ (\text{TR} + \text{SE})^2 - C^*$$

$$^*C = \text{constante (Tabela 5.1)}$$

Tabela 5.1 – Constantes por gênero e idade, para o cálculo da gordura corporal

Sexo/ Cor da pele	Idade											
	6	7	8	9	10	11	12	13	14	15	16	17
Masculino/ Branca	3,1	3,4*	3,7	4,1	4,4*	4,7	5,0	5,4*	5,7	6,1	6,4*	6,7
Masculino/ Negra	3,7	4,0*	4,3	4,7	5,0*	5,3	5,6	6,0*	6,3	6,7	7,0*	7,3
Feminino/ Branca	1,2	1,4*	1,7	2,0	2,4*	2,7	3,0	3,4*	3,6	3,8	4,0*	4,3
Feminino/ Negra	1,4	1,7*	2,0	2,3	2,6*	3,0	3,3	3,6*	3,9	4,1	4,4*	4,7

*Constantes sugeridas por Lohman (1986); as demais constantes foram apresentadas por Pires Neto e Petroski (1996).

Exemplificando a equação de Lohman com um rapaz de pele branca, 16 anos de idade, dobra cutânea TR = 9,3 mm e dobra cutânea SE = 11,2 mm.

$\%G = 1,35(TR + SE) - 0,012 (TR + SE)^2 - C^*$

$\%G = 1,35(9,3 + 11,2) - 0,012 (9,3 + 11,2)^2 - 6,4$

$\%G = 1,35x(9,3 + 11,2) - 0,012 x((9,3 + 11,2) x (9,3 + 11,2)) - 6,4$

$\%G = 1,35x(20,5) - 0,012x(20,5 x 20,5) - 6,4$

$\%G = 1,35x(20,5) - 0,012x(420,25) - 6,4$

$\%G = 27,47 - 5,043 - 6,4$

$\%G = 16,03\%$

Slaughter et al. (1988) publicaram equações considerando a cor da pele, a maturação sexual e, ainda, o somatório das dobras cutâneas tricipital (TR) e subescapular (SE).

Para meninos brancos, pré-púberes e com somatório de dobras TR e SE menor que 35 mm, adota-se a equação:

$$\%G = 1,21(TR + SE) - 0,008 (TR + SE)^2 - 1,7$$

Para meninos brancos, púberes e com somatório de dobras TR e SE menor que 35 mm, adota-se a equação:

$$\%G = 1,21(TR + SE) - 0,008 (TR + SE)^2 - 3,4$$

Para meninos brancos, pós-púberes e com somatório de dobras TR e SE menor que 35 mm, adota-se a equação:

$$\%G = 1,21(TR + SE) - 0,008 (TR + SE)^2 - 5,5$$

Para meninos negros, pré-púberes e com somatório de dobras TR e SE menor que 35 mm, adota-se a equação:

$$\%G = 1,21(TR + SE) - 0,008\,(TR + SE)^2 - 3,2$$

Para meninos negros, púberes e com somatório de dobras TR e SE menor que 35 mm, adota-se a equação:

$$\%G = 1,21(TR + SE) - 0,008\,(TR + SE)^2 - 5,2$$

Para meninos negros, pós-púberes e com somatório de dobras TR e SE menor que 35 mm, adota-se a equação:

$$\%G = 1,21(TR + SE) - 0,008\,(TR + SE)^2 - 6,8$$

Para meninos brancos e negros, de 8 a 17 anos e com somatório de dobras acima de 35 mm, adota-se a equação:

$$\%G = 0,783(TR + SE) + 1,6$$

Esses mesmos autores apresentaram ainda, para meninas de 8 a 17 anos, brancas e negras, uma equação generalizada, utilizando os valores das dobras cutâneas tricipital e panturrilha medial:

$$\%G = 0,610\,(TR + PM) + 5,1$$

Slaughter et al. (1988) ainda possibilitaram mais duas equações para o gênero feminino, considerando a somatória das dobras cutâneas tricipital e subescapular. Para meninas de 8 a 17 anos, brancas e negras, com somatório de dobras inferior a 35 mm, utiliza-se a equação:

$$\%G = 1,33 \ (TR + SE) - 0,013(TR + SE)^2 - 2,5$$

Por sua vez, para meninas também compreendidas na faixa etária de 8 a 17 anos, brancas e negras, no entanto, com somatório de dobras superior a 35 mm, utiliza-se:

$$\%G = 0,546 \ (TR + SE) + 9,7$$

Deurenberg et al. (1990), utilizando-se dos valores obtidos nas mensurações das dobras cutâneas bicipital (BI), tricipital (TR), subescapular (SE) e suprailíaca (SI), considerando ainda a cor da pele e o nível de maturação, publicaram as seguintes equações para cálculo do percentual de gordura:

Para meninos brancos e negros pré-púberes:

$$\%G = 26,56(BI + TR + SE + SI)\log 10 - 22,23$$

Para meninos brancos e negros púberes:

$$\%G = 18,70(BI + TR + SE + SI)\log 10 - 11,91$$

Para meninos brancos e negros e pós-púberes:

$$\%G = 18,88(BI + TR + SE + SI)\log 10 - 15,58$$

Para meninas brancas e negras pré-púberes:

$$\%G = 29,85(BI + TR + SE + SI)\log 10 - 25,87$$

Para meninas brancas e negras púberes:

$$\%G = 23,94(BI + TR + SE + SI)\log 10 - 18,89$$

Para meninas brancas e negras pós-púberes:

$$\%G = 39,02(BI + TR + SE + SI)\log 10 - 43,49$$

Após a escolha da equação adequada e com o valor do %G estabelecido, torna-se possível estimar a massa de gordura e a massa corporal magra. Os cálculos dessas variáveis podem ser realizados de acordo com as equações sugeridas por Behnke e Wilmore (1974).

Massa de gordura (MG)

$$MG = MC \times (\%G / 100)$$

MC é a massa corporal em kg

%G é o valor calculado do percentual de gordura.

Exemplificando com um rapaz de 72,3 kg e %G de 16,03%:

$$MG = MC \times (\%G / 100)$$
$$MG = 72,3 \times (16,03 / 100)$$
$$MG = 72,3 \times 0,1603$$
$$MG = 11,59 \text{ kg}$$

Massa Corporal Magra (MCM)

$$MCM = MC - MG$$

MC é a massa corporal em kg

MG é a massa de gordura também em kg.

Exemplificando:

$$MCM = MC - MG$$
$$MCM = 72,3 - 11,59$$
$$MCM = 60,71 \text{ kg}$$

Esse rapaz de 72,3 kg possui 16,03% de gordura corporal, 11,59 kg de massa gorda e 60,71 kg de massa corporal magra.

5.4 COMPORTAMENTO DAS MEDIDAS ANTROPOMÉTRICAS NA INFÂNCIA E NA ADOLESCÊNCIA

Diversas são as possibilidades de analisar o comportamento das medidas antropométricas, entretanto, as tabelas normativas e os gráficos desenvolvidos pelo Centers for Disease Control and Prevention (CDC) estão certamente entre os mais utilizados em todo o mundo. A seguir, serão apresentadas as tabelas normativas de estatura para a idade e peso corporal para a idade para rapazes e moças de 7 a 17 anos. Por sua vez, os Anexos A, B, C, D, E e F apresentarão respectivamente os gráficos de estatura para a idade, de peso corporal para a idade e do índice de massa corporal para rapazes e moças de 2 a 20 anos (CDC, 2009).

Vale ressaltar que as tabelas percentílicas nos indicam que valores mais próximos do percentil 50 (P50) são os mais esperados em relação ao crescimento, enquanto valores de percentis maiores que 50 representam indicadores de crescimento físico mais elevado, e valores de percentis menores que 50 representam indicadores de crescimento físico mais baixo.

Tabela 5.2 – Normas desenvolvidas pelo CDC de estatura (em cm) para a idade (anos)

Rapazes							
Idade	P5	P10	P25	P50	P75	P90	P95
7	113,20	115,14	118,39	122,03	125,70	129,02	131,02
8	118,81	120,83	124,26	128,12	132,06	135,65	137,83
9	123,79	125,95	129,60	133,73	137,94	141,79	144,13
10	128,16	130,48	134,40	138,82	143,32	147,42	149,91
11	132,40	134,86	139,03	143,73	148,51	152,89	155,54

Continua

Continuação

Rapazes

Idade	P5	P10	P25	P50	P75	P90	P95
12	137,33	139,93	144,33	149,31	154,39	159,04	161,87
13	143,56	146,38	151,12	156,41	161,74	166,56	169,46
14	150,55	153,62	158,66	164,14	169,50	174,23	177,02
15	155,66	159,75	164,77	170,14	175,31	179,81	182,44
16	160,78	163,71	168,48	173,61	178,58	182,92	185,46
17	163,09	165,85	170,39	175,34	180,19	184,47	187,00

Tabela 5.3 – Normas desenvolvidas pelo CDC de estatura (em cm) para a idade (anos)

Moças

Idade	P5	P10	P25	P50	P75	P90	P95
7	113,05	114,91	118,10	121,76	125,57	129,11	131,29
8	118,54	120,53	123,93	127,83	131,86	135,60	137,90
9	123,22	125,35	128,98	133,13	137,40	141,35	143,77
10	127,45	129,78	133,72	138,21	142,81	147,03	149,60
11	132,40	135,00	139,37	144,26	149,20	153,68	156,38
12	139,22	141,96	146,50	151,49	156,43	160,84	163,46
13	145,89	148,44	152,67	157,34	161,98	166,13	168,60
14	149,67	152,05	156,04	160,48	164,92	168,92	171,32
15	151,26	153,60	157,53	161,90	166,28	170,24	172,61
16	151,94	154,29	158,21	162,57	166,94	170,88	173,24
17	152,28	154,63	158,56	162,92	167,29	171,22	173,57

Tabela 5.4 – Normas desenvolvidas pelo CDC de peso corporal (em kg) para a idade (anos)

Rapazes

Idade	P5	P10	P25	P50	P75	P90	P95
7	18,74	19,55	21,09	23,17	25,76	28,73	30,90
8	20,66	21,58	23,34	25,75	28,85	32,51	35,29
9	22,71	23,77	25,83	28,68	32,40	36,89	40,36
10	24,94	26,21	28,67	32,09	36,56	41,97	46,16

Continua

Continuação

	Rapazes						
Idade	P5	P10	P25	P50	P75	P90	P95
11	27,50	29,02	31,98	36,07	41,38	47,73	52,56
12	30,55	32,36	35,87	40,67	46,81	53,98	59,30
13	34,22	36,32	40,36	45,81	52,66	60,45	66,10
14	38,48	40,81	45,27	51,23	58,59	66,82	72,69
15	43,02	45,50	50,21	56,49	64,19	72,75	78,83
16	47,32	49,85	54,67	61,10	69,03	77,92	84,29
17	50,81	53,35	58,19	64,70	72,82	82,07	88,80

Tabela 5.5 – Normas desenvolvidas pelo CDC de peso corporal (em kg) para a idade (anos)

	Moças						
Idade	P5	P10	P25	P50	P75	P90	P95
7	18,23	19,06	20,67	22,87	25,68	28,98	31,47
8	20,15	21,15	23,09	25,76	29,17	33,19	36,23
9	22,32	23,54	25,90	29,14	33,29	38,17	41,82
10	24,87	26,33	29,17	33,06	38,04	43,85	48,18
11	27,84	29,54	32,85	37,39	43,19	49,94	54,96
12	31,15	33,05	36,75	41,83	48,33	55,95	61,63
13	34,61	36,63	40,56	45,98	53,00	61,31	67,59
14	37,91	39,95	43,94	49,49	56,76	65,58	72,39
15	40,77	42,76	46,65	52,14	59,44	68,55	75,83
16	42,96	44,86	48,62	53,95	61,16	70,40	78,05
17	44,44	46,29	49,96	55,18	62,33	71,64	79,52

Em relação ao índice de massa corporal (IMC), além dos anexos E e F que tratam das curvas dessa variável desenvolvidas pelo CDC para rapazes e moças de 2 a 20 anos, apresentamos também a opção dos critérios de referência estabelecidos por Conde e Monteiro (2006) para crianças e adolescentes brasileiros, os quais passamos a apresentar nas Tabelas 5.6 e 5.7.

Tabela 5.6 – Critérios de referência de IMC (kg/m²) para definição de baixo peso, peso normal, excesso de peso e obesidade para o sexo masculino

Idade	Baixo peso	Peso normal	Excesso de peso	Obesidade
7 anos	< 12,96	12,96 a 17,87	17,87 a 21,83	> 21,83
8 anos	< 12,91	12,91 a 18,16	18,16 a 22,69	> 22,69
9 anos	< 12,95	12,95 a 18,57	18,57 a 23,67	> 23,67
10 anos	< 13,09	13,09 a 19,09	19,09 a 24,67	> 24,67
11 anos	< 13,32	13,32 a 19,68	19,68 a 25,58	> 25,58
12 anos	< 13,63	13,63 a 20,32	20,32 a 26,36	> 26,36
13 anos	< 14,02	14,02 a 20,99	20,99 a 26,99	> 26,99
14 anos	< 14,49	14,49 a 21,66	21,66 a 27,51	> 27,51
15 anos	< 15,01	15,01 a 22,33	22,33 a 27,95	> 27,95
16 anos	< 15,58	15,58 a 22,96	22,96 a 28,34	> 28,34
17 anos	< 16,15	16,15 a 23,56	23,56 a 28,71	> 28,71

Fonte: Conde e Monteiro (2006).

Tabela 5.7 – Critérios de referência de IMC (kg/m²) para definição de baixo peso, peso normal, excesso de peso e obesidade para o sexo feminino

Idade	Baixo peso	Peso normal	Excesso de peso	Obesidade
7 anos	< 13,10	13,10 a 17,20	17,20 a 19,81	> 19,81
8 anos	< 13,07	13,07 a 17,49	17,49 a 20,44	> 20,44
9 anos	< 13,16	13,16 a 17,96	17,96 a 21,28	> 21,28
10 anos	< 13,40	13,40 a 18,63	18,63 a 22,32	> 22,32
11 anos	< 13,81	13,81 a 19,51	19,51 a 23,54	> 23,54
12 anos	< 14,37	14,37 a 20,55	20,55 a 24,89	> 24,89
13 anos	< 15,03	15,03 a 21,69	21,69 a 26,25	> 26,25
14 anos	< 15,72	15,72 a 22,79	22,79 a 27,50	> 27,50
15 anos	< 16,35	16,35 a 23,73	23,73 a 28,51	> 28,51
16 anos	< 16,87	16,87 a 24,41	24,41 a 29,20	> 29,20
17 anos	< 17,22	17,22 a 24,81	24,81 a 29,56	> 29,56

Fonte: Conde e Monteiro (2006).

Em relação ao percentual de gordura (%G), citamos como critérios de referência aqueles estabelecidos pela bateria de testes *FITNESSGRAM – Cooper Institute for Aerobics Research* (1999). Essa bateria, considerando o aspecto saúde de crianças e adolescentes de 7 a 17 anos, estabelece como valores aceitáveis de 10% a 25% de gordura corporal para os rapazes e de 17% a 32% de gordura corporal para as moças.

5.5 Utilização da antropometria em estudo transversal

Caracterizar o crescimento físico significa estabelecer indicadores referenciais, considerando uma população específica. Passaremos a apresentar um estudo transversal desenvolvido por Hobold (2003) no município de Marechal Cândido Rondon - PR. Um dos objetivos desse estudo era caracterizar crianças e adolescentes de ambos os gêneros. Essa caracterização serviu como indicador referencial, mas também possibilitou a verificação do estágio de crescimento físico dos jovens avaliados. Participaram desse estudo 2.337 alunos de ambos os gêneros compreendidos na faixa etária de 7 a 17 anos. Na Tabela 5.8, inicialmente, podemos observar os valores de média e desvio padrão do peso corporal, estatura e índice de massa corporal (IMC), considerando a faixa etária e o gênero observados nesse estudo.

Tabela 5.8 – Distribuição das médias e desvios padrões da massa corporal, da estatura e do IMC, por idade e gênero

Faixa etária	Peso corporal (kg)		Estatura (cm)		IMC (kg/m²)	
	Rapazes	Moças	Rapazes	Moças	Rapazes	Moças
7	23,2±3,5	24,6±5,0	121,6±6,0	122,8±6,0	15,7±1,4	16,2±2,3
8	26,7±4,8	26,1±5,7	128,5±6,6	126,3±7,3	16,1±1,9	16,2±2,9
9	28,6±6,2	27,8±5,6	131,1±7,3	130,7±7,4	16,5±2,5	16,1±2,0
10	31,9±6,7	32,2±7,2	137,0±7,6	138,0±7,1	16,7±2,2	16,8±2,5

Continua

Continuação

Faixa etária	Peso corporal (kg)		Estatura (cm)		IMC (kg/m²)	
	Rapazes	Moças	Rapazes	Moças	Rapazes	Moças
11	35,4±7,6	36,1±9,4	142,1±8,0	143,7±9,2	17,3±2,4	17,3±3,1
12	39,1±9,3	40,6±8,3	146,7±7,1	149,4±8,0	18,1±3,5	18,0±2,8
13	43,3±10,3	45,5±9,1	152,6±9,3	155,3±8,4	18,4±2,9	18,8±2,8
14	47,5±10,5	49,2±8,7	157,8±9,4	159,6±6,4	18,9±3,0	19,3±2,9
15	54,7±11,8	51,8±7,6	165,5±9,5	161,1±6,6	19,9±3,2	19,9±2,3
16	58,9±10,6	55,3±8,9	171,3±8,8	164,0±6,4	20,0±2,7	20,5±2,8
17	64,4±12,0	56,2±8,1	174,5±7,0	164,0±6,6	21,1±3,3	20,9±2,7

Fonte: Hobold (2003).

O Gráfico 5.1 nos possibilita observar o comportamento do peso corporal, por gênero, nas faixas etárias propostas para este estudo.

Gráfico 5.1 – Valores médios do peso corporal (em kg) por gênero e idade

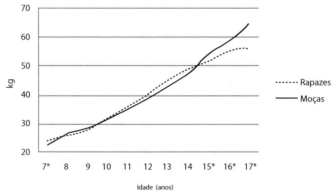

* Diferenças estatisticamente significativas.

No Gráfico 5.1, percebe-se que as médias do peso corporal dos rapazes e das moças apresentam uma proximidade linear em quase todas as idades. Apesar de as diferenças serem pequenas, observam-se as seguintes características: aos 7, 10, 11, 12, 13 e 14 anos, as moças apresentaram um peso corporal médio maior que os rapazes. Acredita-se que esse fato ocorreu em razão de as moças estarem em plena fase de puberdade. Matsudo (apud França et al., 1984) apontaram a idade de menarca aos 12,3 anos, estudo esse que foi realizado com garotas de São Paulo. Já aos 8, 9, 15, 16 e 17 anos, os rapazes apresentaram um maior peso corporal. Destaca-se que, a partir dos 15 anos, começou a existir uma prevalência maior do peso corporal dos rapazes em relação às moças. Essa prevalência tendeu a aumentar aos 16 e 17 anos, uma vez que as moças atingiram um platô, enquanto os rapazes continuaram em uma linha ascendente. Estima-se que essa diferença ocorreu em virtude de a fase da puberdade iniciar nesse período. O teste "t" para amostras independentes apresentou diferenças significativas (p < 0,05) entre as médias do peso corporal das moças e rapazes apenas aos 7, 15, 16 e 17 anos. Estudos como o de Böhme (1995), França et al. (1984), Glaner (2002), Guedes (1994) e Pires (2002) encontraram comportamentos do peso corporal similares aos observados no presente estudo.

O Gráfico 5.2 apresenta a estatura média dos escolares de Marechal Cândido Rondon, por gênero e faixa etária.

Gráfico 5.2 – Valores médios da estatura (em cm) por gênero e idade

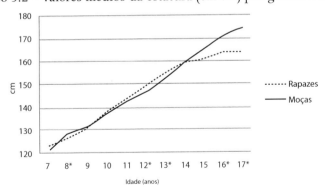

* Diferenças estatisticamente significativas.

No Gráfico 5.2, pode-se perceber uma linearidade quase absoluta entre os gêneros dos 7 aos 14 anos. Entretanto, verifica-se que em três momentos distintos existe o cruzamento das linhas. O primeiro cruzamento ocorre aos 8 anos de idade, em que os rapazes passam a apresentar uma média de estatura maior que as moças. Ressalta-se que em outros estudos, como o de Böhme (1995), França et al. (1984), Guedes (1994) e Lopes (1999), não são observados esses cruzamentos, uma vez que desde os 7 até por volta dos 9 a 10 anos os rapazes apresentam maior estatura que as moças. O segundo cruzamento das linhas, observado nesse estudo, ocorreu aos 10 anos e dura até os 14 anos. Nessa fase as moças passaram a apresentar uma maior média. Já a partir dos 15 anos, ocorreu o último cruzamento, passando novamente os rapazes a apresentar um aumento na diferença das médias em relação à estatura das moças. Essa diferença foi aumentando ainda mais aos 16 e 17 anos. Acredita-se que o mesmo fenômeno observado no peso corporal ocorreu em relação à estatura, ou seja, em razão de a maturação das meninas ocorrer mais cedo, verificou-se essa superioridade da média de estatura no período dos 10 aos 14 anos. Posteriormente, a partir dos 14 anos, os rapazes, pelo início do estirão de crescimento, passaram a apresentar valores crescentes superiores aos observados nas moças. Duarte (1993) observou que o pico de crescimento das meninas de Ilhabela - SP ocorreu aos 11,55 anos, mais precocemente que dos meninos (13,99 anos), e o início do estirão de crescimento pôde ser percebido com aproximadamente um ano de antecedência. Utilizando o teste "t" para amostras independentes, observaram-se diferenças estatisticamente significantes (p < 0,05), entre as médias de estatura das moças e dos rapazes aos 8, 12, 13, 15, 16 e 17 anos. Destaca-se que estudos como o de Böhme (1995), França et al. (1984), Glaner (2002), Guedes (1994) e Pires (2002) encontraram, de forma geral, comportamentos da estatura similares aos observados no presente estudo.

O Gráfico 5.3 permite visualizar as médias do Índice de Massa Corporal (IMC) dos escolares de Marechal Cândido Rondon, por gênero e faixa etária.

Gráfico 5.3 – Índice de massa corporal (em kg/m^2) por gênero e idade (não houve diferenças estatisticamente significativas)

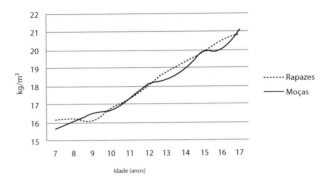

O Gráfico 5.3 mostra um aumento progressivo linear do IMC das moças a partir dos 9 anos de idade, enquanto o IMC dos rapazes apresentou aumento progressivo, porém, não linear. Aos 7, 8, 10, 13, 14 e 16 anos, as moças apresentaram uma média do IMC superior à observada nos rapazes. Estes, por sua vez, apresentaram média superior nas demais idades, exceto aos 11 e aos 15 anos, em que a média do IMC das moças e dos rapazes foi exatamente a mesma. Utilizando o teste "t" para amostras independentes, não se observaram diferenças estatisticamente significativas (p < 0,05) entre os gêneros em nenhuma das idades observadas.

5.5.1 Composição corporal

A Tabela 5.9 apresenta as médias e o desvio padrão das variáveis da composição corporal.

Tabela 5.9 – Distribuição das médias e desvios padrões da massa gorda, da massa corporal magra e do percentual de gordura por idade e gênero

Faixa etária	Massa gorda (kg)		Massa corporal magra (kg)		Percentual de gordura %	
	Rapazes	Moças	Rapazes	Moças	Rapazes	Moças
7	3,3±1,5	5,3±2,8	19,9±2,4	19,3±2,7	13,9±4,1	20,7±6,4

Continua

Continuação

Faixa etária	Massa gorda (kg)		Massa corporal magra (kg)		Percentual de gordura %	
	Rapazes	Moças	Rapazes	Moças	Rapazes	Moças
8	4,4±2,3	5,7±2,9	22,4±3,0	19,3±2,7	15,6±5,4	20,9±6,3
9	4,9±3,1	5,8±2,8	23,7±3,8	22,0±3,4	16,3±6,2	19,9±5,9
10	5,4±3,2	7,1±3,8	26,5±4,0	25,2±4,0	16,0±5,7	20,7±6,8
11	6,2±4,0	8,2±4,6	29,2±4,6	27,9±5,3	16,3±7,2	21,4±6,4
12	7,5±5,1	9,0±4,2	31,6±5,0	31,6±5,1	17,7±7,7	21,3±6,2
13	7,4±4,2	10,5±4,7	36,0±7,6	35,1±5,5	16,3±6,5	22,1±6,4
14	8,0±5,4	11,4±5,0	39,5±6,9	37,9±4,8	15,8±7,2	22,3±6,5
15	8,5±5,4	12,9±4,4	46,2±8,3	38,9±4,6	14,8±6,5	24,3±5,6
16	8,6±5,3	14,5±4,8	50,3±7,3	40,9±5,2	13,9±6,2	25,6±5,5
17	10,1±5,9	14,8±4,5	54,3±7,4	41,4±4,6	14,9±5,8	25,9±5,0

Fonte: Hobold (2003).

Os Gráficos 5.4 e 5.5 permitem visualizar, respectivamente, o comportamento da massa gorda e o da massa corporal magra por gênero e idade.

Gráfico 5.4 – Valores médios da massa gorda (em kg) por gênero e idade

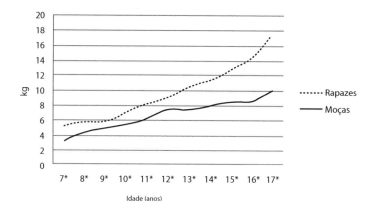

*Diferenças estatisticamente significativas.

Gráfico 5.5 – Valores médios da MCM (em kg) por gênero e idade

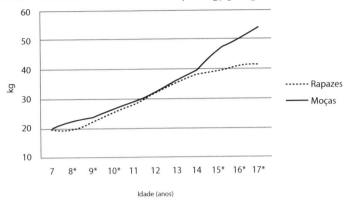

*Diferenças estatisticamente significativas.

Visualiza-se no Gráfico 5.4 que as moças apresentaram, em média, uma maior massa de gordura que os rapazes. Essa diferença foi significativa ($p < 0,05$) em todas as idades analisadas. Outro fato a ser destacado é o progressivo aumento dessa diferença com o aumento das idades. Entretanto, quando analisada a massa corporal magra (Gráfico 5.5), verifica-se que os rapazes apresentaram uma média superior à das moças em todas as faixas etárias. Essas diferenças, porém, só foram significativas ($p < 0,05$) aos 8, 9, 10, 15, 16 e 17 anos. Observa-se ainda que a massa corporal magra das moças aparentemente alcançou um platô a partir dos 14 anos, enquanto os rapazes continuaram mostrando um crescimento linear. Guedes e Guedes (1997) observaram que se pode atribuir à superioridade na quantidade de gordura corporal das moças a partir da puberdade a influência das gonadotrofinas hipofisárias que, ao estimularem a função ovariana com o advento da maturação sexual, levam à produção de quantidades progressivas de hormônios estrogênios responsáveis por crescentes aumentos na adiposidade corporal. Esses mesmos autores ressaltaram ainda que, entre os rapazes, a maturação sexual está intimamente relacionada à maior produção de testosterona, ocasionando maior aumento da massa muscular e, por sua vez, da massa magra.

O Gráfico 5.6 apresenta a distribuição, por gênero e idade, das médias do percentual de gordura verificadas no presente estudo.

Gráfico 5.6 – Valores médios do percentual de gordura por gênero e idade

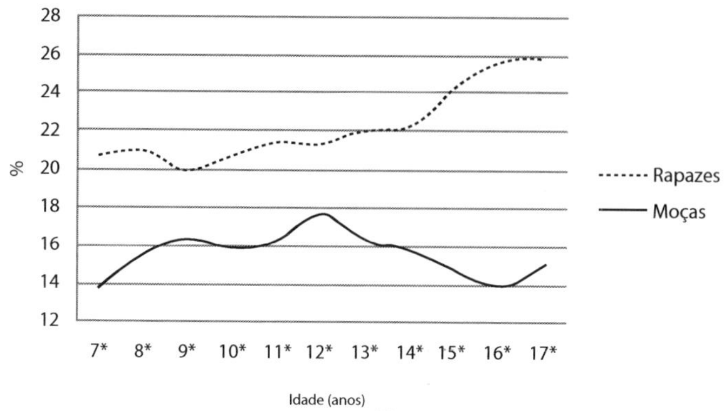

*Diferenças estatisticamente significativas.

No Gráfico 5.6, verifica-se que em todas as faixas etárias do estudo as moças apresentaram um percentual de gordura maior que os rapazes. O teste "t" aponta diferenças significativas ($p < 0,05$) em todas as idades. Pode-se visualizar ainda que, a partir dos 9 anos, as moças apresentam um crescimento quase linear. Os rapazes, por sua vez, apresentam um crescimento entre 7 e 9 anos, seguido de um platô que vai dos 9 aos 11 anos e, posteriormente, aos 12 anos apresentam um novo crescimento. A partir dos 13 anos, verifica-se um decréscimo nos valores médios do percentual de gordura entre os rapazes. Em razão do comportamento dessas curvas, observa-se um crescente aumento na distância entre o percentual de gordura das moças e o dos rapazes a partir dos 12 anos. Aos 17 anos o percentual de gordura das moças desse estudo foi 42,5% maior que o dos rapazes. Esses dados podem levar à suposição de que, em idades mais avançadas, as moças continuem aumentando essa diferença em relação aos rapazes, chegando a valores próximos de 60% referenciados por Malina e Bouchard (1991). Ressalta-se ainda que comportamentos semelhantes em relação ao percentual de gordura foram observados por Guedes (1994) e Pires (2002).

O presente estudo possibilitou mostrar de forma objetiva a aplicação da antropometria e algumas das possíveis interpretações a que se propõe.

Espera-se que, de forma geral, este capítulo possa subsidiar e estimular os educadores físicos a fazerem uso coerente e consciente da antropometria, contribuindo para o crescimento e o fortalecimento da nossa área.

5.6 Referências

AAHPERD – American Alliance for Health, Physical Education and Recreation. *Health-related physical fitness tests manual*. Reston: AAHPERD, 1980.

Barbanti, V. J. A. *A Comparative of Selected Anthropometric and Physical Fitness Measurements of Brazilian and American Scholl Children*. 1982. Tese (Doutorado em Ciências) – University of Iowa, Ottawa, 1982.

Behnke, A. R.; Wilmore, J. H. *Evaluation and Regulation of Body Build and Composition*. New Jersey: Englewood Cliffs, 1974.

Böhme, M. T. S. Aptidão física: importância e relações com a Educação Física. *Rev. Min. Educ. Fís.*, v. 2, n. 1, p. 17-25, 1994.

_____. Aptidão física e crescimento físico de escolares de 7 a 17 anos de Viçosa – MG – Parte IV – Estatura, peso e perímetros (abdominal e de braço estendido). *Rev. Min. Educ. Fís.*, v. 3, n. 2, p. 54-74, 1995.

Boileau, R. A. Lohman, T. G. Slaughter, M. H. Exercise and Body Composition in Children and Youth. *J. Sports Sci.*, v. 7, p. 17-27, 1985.

Bouchard, C. et al. *Exercises, Fitness and Health*: A Consensus of Current Knowledge. Champaign: Human Kinetics, 1990.

Cameron, N. *The Measurement of Human Growth*. Sidney: Croom Helm Australia, 1984.

CDC – Centers for Disease Control and Prevention. *CDC Growth Charts*. Disponível em: <http://www.cdc.gov>. Acesso em: 22 out. 2009.

CONDE, W. L.; MONTEIRO, C. A. Body Mass Index Cutoff Points for Evaluation of Nutritional Status in Brazilian Children and Adolescents. *J. Pediat.*, v. 82, p. 266-71, 2006.

COOPER INSTITUTE FOR AEROBICS RESEARCH. *The Prudential FITNESSGRAM Test Administration Manual*. Dallas: Author, 1999.

COSTA, R. F. *Composição corporal*: teoria e prática da avaliação. São Paulo: Manole, 2001.

DEURENBERG, P. PIETERS, J. J. L. HAUTVAST, J. G. The Assessment of the Body Fat Percentage by Skinfold Thickness in Childhood and Young Adolescence. *Bri. J. Nutrit.*, v. 63, p. 293-303, 1990.

DUARTE, M. F. S. *Longitudinal Study of Pubertal Peak Height Velocity and Related Morphological and Functional Components in Brazilian Children*. 1993. Tese (Doutorado em Biodinâmica do Movimento Humano) – University of Illinois, Urbana- -Champaign, 1993.

FARIA JÚNIOR, A. Educação Física, desporto e promoção de saúde. *Rev. Horiz.*, v. IX, n. 51, p. i-viii, 1992.

FRANÇA JÚNIOR, I. *A antropometria como prática social de saúde*: uma abordagem histórica. Dissertação (Mestrado em Medicina) – Faculdade de Medicina, Universidade de São Paulo, São Paulo, 1993.

FRANÇA, N. M.; SOARES, J.; MATSUDO, V. K. R. Desenvolvimento da força muscular de membros superiores em escolares de 7 a 18 anos. *Rev. Bras. Ciênc. Esporte*, v. 5, n. 2, p. 58-64, 1984.

GLANER, M. F. *Crescimento físico e aptidão física relacionada à saúde em adolescentes rurais e urbanos*. Tese (Doutorado em Educação Física) – Universidade Federal de Santa Maria, Santa Maria, 2002.

GUEDES, D. P. *Crescimento, composição corporal e desempenho motor em crianças e adolescentes do Município de Londrina (PR), Brasil*. Tese (Doutorado em Educação Física) – Escola de Educação Física e Esporte, Universidade de São Paulo, São Paulo, 1994.

GUEDES, D. P. GUEDES, J. E. R. P. *Crescimento, composição corporal e desempenho motor de crianças e adolescentes.* São Paulo: CLR Baliero, 1997.

_____. *Manual prático para avaliação em Educação Física.* São Paulo: Manole, 2006.

HOBOLD, E. *Indicadores de aptidão física relacionada à saúde de crianças e adolescentes do município de Marechal Cândido Rondon – Paraná, Brasil.* 2003. Dissertação (Mestrado em Educação Física) – Universidade Federal de Santa Catarina, Florianópolis, 2003.

LOHMAN, T. G. Applicability of Body Composition Techniques and Constants for Children and Youth. *J. Phys. Educ., Recreat. Dance*, v. 58, n. 9, p. 98-102, 1986.

LOPES, A. S. *Antropometrica, composição corporal e estilo de vida de crianças com diferentes características étnico-culturais no Estado de Santa Catarina, Brasil.* 1999. Tese (Doutorado em Ciências do Movimento Humano) – Universidade Federal de Santa Maria, Santa Maria, 1999.

LOPES, A. S; PIRES NETO, C. S. Composição corporal e equações preditivas da gordura em crianças e jovens. *Rev. Bras. Ativ. Fís. Saúde*, v. 1, n. 4, p. 38-52, 1996.

MALINA, R. M. BOUCHARD, C. *Growth, Maturation, and Physical Activity.* Champaign: Human Kinetics, 1991.

MARTINS, M. O.; WALTORTT, L. C. B. Antropometria: uma revisão histórica. In: PETROSKI, E. L. (Ed.). *Antropometria*: técnicas e padronizações. 2. ed. rev. e ampl. Porto Alegre: Artmed, 2003.

MUST, A. DALLAL, G. E. DIETZ, W. H. Reference Data for Obesity: 85th and 95th Percentiles of Body Mass (wt/ht2) and Tríceps Skinfold Thickness. *Am. J. Clinic. Nutr.*, v. 53, p. 839-46, 1991.

NIEMAN, D. C. *Exercício e saúde*: como se prevenir de doenças usando o exercício como seu medicamento. São Paulo: Manole, 1999.

NORTON, K; OLDS, T. *Antropométrica*: um livro sobre medidas corporais para o esporte e cursos da área da saúde. Trad. Nilda Maria Farias de Albernaz. Porto Alegre: Artmed, 2005.

PARISKOVA, J. Total Body Fat and Skinfold Thickness in Children. *Metabolism*, v. 10, p. 794-809, 1961.

PETROSKI, E. L. Editorial. *Rev. Bras. Cineantrop. Desemp. Hum.* v. 1, n. 1, Florianópolis,1999.

PETROSKI, E. L. et al. *Antropometria*: técnicas e padronizações. 2. ed. Porto Alegre: Palotti, 2003.

PIRES, M. C. *Crescimento, composição corporal e estilo de vida de escolares no município de Florianópolis - SC, Brasil*. Dissertação (Mestrado) – Universidade Federal de Santa Catarina, Florianópolis, 2002.

PIRES NETO, C. S. PETROSKI. E. L. Assuntos sobre as equações da gordura corporal relacionadas a crianças e jovens. In: CARVALHO, S. (Org.). *Comunicação, movimento e mídia na Educação Física*. Santa Maria: Imprensa Universitária, UFSM: 1996. p. 21-30.

REILLY, T. TYRRELL, A. TROUP, T. D. G. Circadian Variation in Human Stature. *Chronobiol. Internat.*, v. 1, p. 121-6, 1984.

ROSS W. D. MARFELL-JONES M. J. Kinanthropometry. In: MACDOUGALL, J. D. WENGER, H. A. GREEN, H. J. (Ed.). *Physiological Testing of the High Performance Athlete*. 2. ed. Champaign: Human Kinetics, 1991.

SAFRIT, M. J. WOOD, T. N. (Ed.). *Measurements Concepts in Physical Education and Exercise Science*. Champaign: Human Kinetics, 1989.

SLAUGHTER, M. H. et al. Skinfold Equations for Estimation of Body Fatness in Children and Youth. *Hum. Biol.*, v. 60, n. 5, p. 709-23, 1988.

SUMNER, E. E. WHITACRE, J. Some Factors Affecting Accuracy in the Colection of Data on the Growth of Weight in School Children. *J. Nutrit.*, v. 4, p. 15-33, 1931.

TANNER, J. M. *A History of the Study of Human Growth*. Cambridge: University Press, 1981.

TANNER, J. M. Patterns of Children's Growth in East – Central Europe in the Eighteenth Century. *Ann. Hum. Biol.*, v. 13, n. 1, p. 33-4, 1986.

VELHO, N. M.; LOUREIRO, M. B.; PIRES NETO, C. S. Antropometria: uma revisão histórica do período antigo ao contemporâneo. In. Carvalho, S. (Org.). *Comunicação, movimento e mídia na Educação Física*. Santa Maria: Centro de Educação Física e Desportos, 1993. p. 29-39, Caderno 1.

WALTRICK, A. C. A. *Estudo das características antropométricas de escolares de 7 a 17 anos:* uma abordagem longitudinal mista e transversal. 1996. Dissertação (Mestrado em Engenharia de Produção) – Universidade Federal de Santa Catarina, Florianópolis, 1996.

WILBY, J. et al. Circadian Variation in Effects of Circuit Weight Training. *Bri J. Sports Med.*, v. 19, p. 236, 1985.

Gasto energético como medida do nível de atividade física em jovens 6

Paulo H. S. da Fonseca | Maria de Fátima da Silva Duarte

Alguns problemas de saúde contemporâneos, causados pelo acúmulo ou pelo *deficit* de energia, como doenças coronarianas, obesidade, hipertensão, diabetes não insulinodependente, osteoporose e desordens emocionais estão associados com os hábitos de vida (Montoye et al., 1996), com os aspectos genéticos (Bouchard et al., 1993) ou com a combinação de ambos (Grove et al., 2005).

A intervenção, para minimizar o surgimento desses problemas de saúde contemporâneos, está associada à capacidade de conhecermos o gasto energético das atividades físicas dos indivíduos. LaPorte et al. (1985) apontam para mais de trinta métodos diferentes para medida da atividade física, no entanto, nem todos avaliam o gasto energético.

Um dos métodos mais difundidos para a avaliação do gasto energético é o produto entre a taxa metabólica de repouso (TMR) por valores de unidades metabólicas (MET) de cada atividade física. Quenouille et al. (1951, apud Schofield, 1985), em resposta a um pedido da United Nations Food and Agriculture Organization Advisory Committe on Nutrition em um encontro em Genebra em 1947, apresentaram a hipótese de que os dados do metabolismo de repouso poderiam ser o começo para estimar as necessidades de energia de grupos populacionais, nos quais, após a obtenção da TMR, essa poderia ser multiplicada por fatores de diferentes níveis de atividade física.

Tendo como base a validação desse método para estimar o gasto energético, duas correntes de pesquisa foram consolidadas: a primeira com o objetivo de desenvolver e validar equações para estimar a TMR, em razão da impossibilidade de se usar a calorimetria direta e indireta em estudos clínicos e epidemiológicos; e a segunda com o objetivo de criar padrões de atividades físicas em unidades metabólicas (MET) e reuni-los em um compêndio.

Ainsworth et al. (1993) desenvolveram o compêndio de atividades físicas para a classificação do gasto energético em humanos; esse trabalho, porém, resumiu-se em analisar somente adultos. Por um longo período, o compêndio para adultos foi utilizado para se estimar o gasto energético em jovens; no entanto, Ridley et al. (2008) apresentaram o *Compêndio de atividade física para jovens*, sustentado nas evidências científicas de que o gasto energético por unidade de massa corporal tende a diminuir com o passar da idade, o que torna o uso do compêndio para adultos um problema quando aplicado em jovens.

6.1 O *COMPÊNDIO DE ATIVIDADE FÍSICA PARA JOVENS*

O *Compêndio de atividade física para jovens* (Quadro 6.1) é uma extensa lista de atividades físicas organizadas em sete categorias (sedentárias, transporte, jogos/esporte, atividades escolares, autocuidado, ocupações, outros) com o objetivo de auxiliar no cálculo do gasto energético das atividades físicas e no gasto energético diário obtido em conjunto com fichas, questionários, inquéritos e outras formas de armazenar o registro da atividade física.

O *Compêndio* é uma proposta que pode ser utilizada para avaliar o gasto energético de jovens com idade entre 6 e 17,9 anos, e as atividades listadas são resultado de uma extensa revisão bibliográfica, que é atualizada frequentemente, de estudos que avaliaram o gasto energético em jovens ou em adultos.

Do total de 244 atividades físicas listadas, 35% dos valores de MET são oriundos de pesquisas com crianças e adolescentes; o restante provém de atividades listadas no compêndio de adultos e corrigidas para aplicação em jovens.

Para cada atividade física listada é indicado um valor em MET, que representa a sua intensidade relativa em múltiplos da taxa metabólica de repouso (TMR) definida em 1,0 kcal/kg (peso)/h (Faculdade de Motricidade Humana, 2008), e também é apresentada, para algumas atividades, a percepção do nível de esforço, classificado como fraco, moderado e forte.

6.1.2 O CÓDIGO DE SEIS DÍGITOS DO *COMPÊNDIO DE ATIVIDADE FÍSICA PARA JOVENS*

Cada atividade listada no *Compêndio* apresenta um código de seis dígitos que auxilia com informações sobre as características de cada atividade. A estrutura do código é organizada iniciando da esquerda, em que o primeiro dígito refere-se ao tipo de atividade, o segundo dígito refere-se à posição do corpo durante a atividade, o terceiro dígito representa o contexto para cada atividade e é específico para cada categoria de atividade, o quarto e o quinto dígito descrevem a especificidade da atividade e o sexto dígito descreve a intensidade referida durante a atividade. O Quadro 6.1 ilustra os dígitos e suas respectivas representações.

Quadro 6.1 – O código de seis dígitos usado no compêndio de atividade física de jovens

Dígito 1 Categoria de atividade	Dígito 2 Posição do corpo	Dígito 3 Vários	Dígitos 4 e 5 Atividades específicas	Dígito 6 Intensidade autopercebida
1 = Sedentárias	0 = dormindo 1 = deitado 2 = sentado 3 = em pé 4 = locomoção	0 = não responde a nada 1 = assistindo à TV 2 = ouvindo música, rádio 3 = lendo 4 = conversando 5 = escrevendo	Atividade individual Numerar 00, 01 etc.	Sempre 0

Continua

Continuação

Dígito 1 Categoria de atividade	Dígito 2 Posição do corpo	Dígito 3 Vários	Dígitos 4 e 5 Atividades específicas	Dígito 6 Intensidade autopercebida
2 = Transportes	Como o anterior	0 = sem equipamento 1 = com equipamento	Como o anterior	0 = intensidade autopercebida não requisitada 1 = leve 2 = moderada 3 = forte
3 = Jogos/ Esportes	Como o anterior	1 = atividade individual 2 = atividade em dupla ou equipe	Como o anterior	Como o anterior
4 = Atividades escolares	Como o anterior	Sempre 0	Como o anterior	Como o anterior
5 = Autocuidado	Como o anterior	1 = atividades no banheiro 2 = comer 3 = vestir-se e despir-se	Como o anterior	Como o anterior
6 = Ocupações	Como o anterior	0 = preparação do alimento 1 = arrumando 2 = outros 3 = jardim	Como o anterior	Como o anterior
7 = Outros	Como o anterior	0 = instrumento musical 1 = atividade familiar, social e cultural 2 = outros	Como o anterior	Como o anterior

6.2 CÁLCULO DO GASTO ENERGÉTICO

São várias as formas como o gasto energético de um jovem pode ser expresso. Este pode ser apresentado por meio de uma variável contínua (exemplo: kcal/dia) ou por uma variável categórica (exemplo: ativo, moderadamente ativo, entre outras). Quando necessário calcular o gasto energético de um jovem para uma determinada atividade física, os valores de METs necessitam ser multiplicados pela TMR do jovem (aferida ou estimada).

(Equação 1) kcal = valor MET x TMR x massa corporal x tempo de duração da atividade

Em que: TMR = $kcal.kg^{-1}. min^{-1}$; massa corporal = kg, tempo = minutos

A TMR pode ser calculada pelas equações de Henry e Rees (1991) apresentadas na Tabela 6.1, contudo, o uso desses modelos matemáticos deve ser feito com cautela na população de jovens brasileiros (Fonseca, 2007; Fonseca e Duarte, 2008). Para uma leitura sobre a aplicação de equações de estimativa da TMR, acesse o *site*: <tede.ufsc.br/teses/PGEF0160.pdf>.

Tabela 6.1 – Equação de Henry e Rees (1991) para estimativa da TMR

	Equação	n	r	ep
3 – 10 anos				
Meninos	TMR = 0,113 MC + 1,689	196	0,75	0,4422
Meninas	TMR = 0,063 MC + 2,466	88	0,41	0,4421
10 – 18 anos				
Meninos	TMR = 0,084 MC + 2,122	409	0,80	0,6995
Meninas	TMR = 0,047 MC + 2,951	233	0,63	0,6246

TMR em MJ/dia; para determinar o valor em kcal/dia, multiplique o resultado por 239.

n = quantidade amostral, r = correlação, ep = erro padrão

Tendo como exemplo um jovem do sexo masculino de 15 anos com 60 kg que praticou, por um período de 40 minutos, corrida com percepção de intensidade moderada (código 341482), qual será o seu gasto energético para essa atividade física?

Primeiro passo: calcular a TMR do indivíduo.

$$TMR \ (MJ/dia) = (0,084 \times 60) + 2,122$$
$$TMR \ (MJ/dia) = 7,162$$

Lembre-se de que a TMR deve ser em kcal, então o resultado deve ser multiplicado por 239.

$$TMR \ (kcal/dia) = 7,162 \times 239$$
$$TMR \ (kcal/dia) = 1711,7118$$

Lembre-se também de que o valor da TMR deve ser expresso em kcal. kg^{-1}. min^{-1}, então, divida o valor da TMR = 1711,7118 pelo peso do sujeito e por 1440, que é a quantidade de minutos em um dia.

$$TMR \ (kcal.kg^{-1}. \ min^{-1}) = (1711,7118/60)/1440$$
$$TMR \ (kcal.kg^{-1}. \ min^{-1}) = 0,019$$

Segundo passo: calcular o gasto energético para a atividade.

$$(Equação \ 1) \ kcal = Valor \ MET \times TMR \times massa \ corporal \times tempo \ de \ duração$$
$$da \ atividade$$
$$kcal = 8,5 \times 0,019 \times 60 \times 40$$
$$kcal = 387,6$$

Se o objetivo for identificar o gasto energético diário (GED) do jovem, poder-se-á recorrer ao recordatório de atividade física de Bouchard et al. (1983), identificar o tempo de cada atividade realizada durante um dia e proceder com os mesmos cálculos realizados anteriormente. Orienta-se que o recordatório de atividade física seja utilizado em três dias da semana, sendo o dia mais ativo, o menos ativo e o domingo (LaPorte et al.,1985).

Tendo como exemplo o recordatório de atividade física da Tabela 6.2, o procedimento para calcular o GED do menino exemplo é: primeiro una todas as atividades de MET iguais e identifique a quantidade de períodos de 15 minutos; posteriormente, transfira os valores para a equação 1, que identifica o gasto energético em kcal.

Tabela 6.2 – Recordatório das atividades do cotidiano

Recorde as atividades realizadas das *00h da manhã à meia-noite de ontem*. Anote o número do MET da atividade no quadro a seguir de acordo com a hora do dia.

Nome: _____

Data de nascimento: ___/___/_____ Sexo: ( ) Masculino ( ) Feminino

Dia da semana: ( ) segunda-feira (x) terça-feira ( ) quarta-feira ( ) quinta-feira
( ) sexta-feira ( ) sábado ( ) domingo

Horas	Minutos			
	00 – 15	16 – 30	31 – 45	46 – 60
00	0,9	0,9	0,9	0,9
01	0,9	0,9	0,9	0,9
02	0,9	0,9	0,9	0,9
03	0,9	0,9	0,9	0,9
04	0,9	0,9	0,9	0,9
05	0,9	0,9	0,9	0,9
06	0,9	0,9	2,7	2,7
07	1,5	3,6	3,6	3,6
08	1,3	1,3	1,3	1,3
09	1,3	1,3	1,3	1,3
10	1,3	2,9	1,3	1,3
11	1,3	1,3	3,6	3,6
12	3,6	1,2	1,5	1,5
13	1,5	1,2	1,2	1,2
14	1,2	3,6	3,6	3,6
15	8,2	8,2	10,1	10,1
16	3,6	3,6	3,6	2,0

Continua

Continuação

Horas	Minutos			
	00 – 15	16 – 30	31 – 45	46 – 60
17	2,7	2,7	1,5	1,5
18	1,2	1,2	1,2	1,2
19	1,2	1,2	1,2	1,2
20	1,3	1,3	1,5	1,5
21	1,2	1,2	1,2	1,2
22	1,8	1,8	1,8	1,8
23	0,9	0,9	0,9	0,9

Tabela 6.3 – Distribuição dos METs e tempo de atividade

Distribuição do MET	Gasto energético
30 períodos de 15′ de 0,9	461,7 kcal
17 períodos de 15′ de 1,2	348,84 kcal
15 períodos de 15′ de 1,3	333,45 kcal
8 períodos de 15′ de 1,5	205,2 kcal
4 períodos de 15′ de 1,8	123,12 kcal
1 período de 15′ de 2,0	34,2 kcal
4 períodos de 15′ de 2,7	184,68 kcal
1 período de 15′ de 2,9	49,59 kcal
12 períodos de 15′ de 3,6	738,72 kcal
2 períodos de 15′ de 8,2	280,44 kcal
2 períodos de 15′ de 10,1	345,42 kcal
GED	3105,36 kcal/d

De posse do resultado do GED e da TMR, pode ser calculado o Nível de Atividade Física (NAF) do jovem e ele pode ser classificado utilizando as referências da Tabela 6.3 (Institute of Medicine, 2002).

$$NAF = GED \ (kcal/dia) \ / \ TMR \ (kcal/dia)$$
$$NAF = 3105.36/1711.7118$$
$$NAF = 1,81$$

Tabela 6.4 – Categorias de nível de atividade física

Categorias de NAF	Valores de NAF
Sedentário	1 – 1,39
Pouco ativo	1,4 – 1,59
Ativo	1,6 – 1,89
Muito ativo	1,9 – 2,5

Fonte: Institute of Medicine (2002).

6.3 Discussão e limitações

Assim como as outras técnicas que medem a atividade física, o *Compêndio de atividade física para jovens* apresenta as suas limitações. Foi desenvolvido após extensa revisão de trabalhos publicados na literatura sobre gasto energético de atividades físicas realizadas por crianças e adolescentes ou de atividades realizadas por adultos com o valor do MET corrigido para ser utilizado em jovens; essa correção pode ser uma das suas fortes limitações.

Outra limitação está relacionada à pequena quantidade da amostra (< 20) de alguns estudos presentes no compêndio, bem como ao efeito do aspecto ambiente sobre o gasto energético. Há de se considerar que um jovem caminhando a 5 °C não tenha o mesmo gasto energético em MET de um jovem caminhando a 30 °C. A medida da TMR em jovens brasileiros também é outra limitação do método, haja vista que as equações utilizadas foram desenvolvidas com amostras estrangeiras e apresentaram erros quando utilizadas na nossa população de jovens.

Concluindo, o *Compêndio de atividade física para jovens* não pode ser utilizado em crianças e adolescentes que tenham disfunções que alterem significativamente o movimento, a eficiência mecânica e o gasto energético na atividade física.

6.3.1 Análise do nível de atividade física do jovem brasileiro

No ano de 2009, o IBGE divulgou os resultados da Pesquisa Nacional de Saúde do Escolar, realizada junto aos estudantes do 9° ano do Ensino Fundamental dos municípios das capitais e do Distrito Federal. O levantamento dos dados buscou verificar fatores associados à saúde do jovem, tais como: alimentação, imagem corporal, atividade física, tabagismo, consumo de álcool e outras drogas, saúde bucal, comportamento sexual, violência, acidentes, segurança e antropometria.

O nível de atividade física foi analisado em uma amostra de 60.973 escolares com idade aproximada entre 13 e 15 anos. O estudo considerou as seguintes categorias para determinar o nível de atividade física: inativo; insuficientemente ativo (subdividida entre os que praticavam atividade física de 1 a 149 minutos e os que praticavam atividade física de 150 a 299 minutos); e ativos (praticavam 300 minutos ou mais de atividade física). Esses valores representam o acúmulo do tempo em minutos de atividade física nos últimos sete dias.

Estão ilustrados no Gráfico 6.1 os resultados da população estudada e subdivididos por substratos de sexo e município. Os resultados do estudo revelam que, analisando em conjunto capitais e Distrito Federal, 43,1% da totalidade dos indivíduos eram considerados ativos. Percebe-se também que, independentemente do município, as meninas são menos ativas que os rapazes. Apenas 31,3% das moças praticaram 300 minutos ou mais de atividade física acumulada nos últimos sete dias, ao passo que os rapazes alcançaram um valor bem superior (56,2%).

As capitais com maior percentual de estudantes ativos foram Florianópolis (51,5%) e Curitiba (51%), e, quando somadas a Porto Alegre, indicam que a Região Sul do Brasil é mais ativa, e as capitais com menor percentual de estudantes ativos foram São Luís (34,2%) e Maceió (35,5%).

Gráfico 6.1 – Percentual de escolares com 300 minutos ou mais de atividade física acumulada, nos últimos sete dias, por sexo, segundo os municípios das capitais e o Distrito Federal

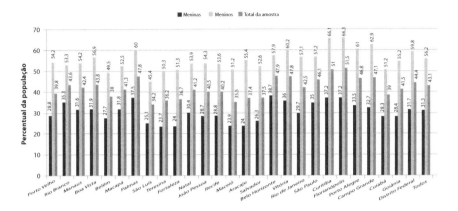

Quadro 6.2 – Compêndio de gasto energético para jovens (os valores de gasto energético derivados de estudos com crianças estão em negrito)

Código	Atividades	MET
\multicolumn{3}{c}{Atividades sedentárias}
112020	Ouvir música/rádio – deitado	1,2[a]
122160	Ouvir música/rádio – sentado	1,3
110150	Despertar	1,2
113040	Ler – deitado	1,2a
123110	Ler – sentado	1,3[a]
114190	Enviar mensagem de texto (SMS) – deitado	1,2[a]
124170	Enviar mensagem de texto (SMS) – sentado	1,5
134180	Enviar mensagem de texto (SMS) – em pé	1,8
124090	Sentado – conversando	1,5
121130	Assistir a filme/cinema/teatro	1,2[a]
120140	Sentado silenciosamente	1,4
100010	Dormir	0,9
\multicolumn{3}{c}{Atividades sedentárias}
134120	Em pé – conversando	1,8

Continua

Continuação

Código	Atividades	MET
130060	Em pé – silenciosamente	1,5
114070	Conversar ao telefone – deitado	1,2[a]
124100	Conversar ao telefone – sentado	1,5
134170	Conversar ao telefone – em pé	1,8
111030	Assistir à TV – deitado silenciosamente	1,1
121050	Assistir à TV – sentado	1,2
115080	Escrever – deitado	1,2[a]
	Transporte	
240070	Subir escadas	
240071	Subir escadas – esforço fraco	5,3
240072	Subir escadas – esforço moderado	7,0
240073	Subir escadas – esforço forte	8,8
241090	Passear de motocicleta ou lambreta (patinete a motor)	2,5
221120	Passear de ônibus	1,4[a]
221130	Passear de avião	1,4[a]
221110	Passear de trem/bonde/barco	1,4[a]
221000	Passear no/dirigindo o automóvel	1,4[a]
240050	Caminhar	
240051	Caminhar – esforço fraco	2,9[b]
240052	Caminhar – esforço moderado	3,6[b]
240053	Caminhar – esforço forte	4,6[b]
240090	Caminhar transportando uma carga	
240091	Caminhar transportando uma carga – esforço fraco	3,4
240092	Caminhar transportando uma carga – esforço moderado	4,2
240093	Caminhar transportando uma carga – esforço forte	5,3
241080	Caminhar usando muletas	4,0
	Jogos/Esportes	
341750	Exercício aeróbico/Andar depressa	
	Jogos/Esportes	

Continua

Continuação

Código	Atividades	MET
341751	Exercício aeróbico/Andar depressa – esforço fraco	5,0
341752	**Exercício aeróbico/Andar depressa – esforço moderado**	**6,2**
341753	Exercício aeróbico/Andar depressa – esforço forte	8,5
331000	Tiro de arco	3,5
341660	Atletismo (pista e campo): corrida de obstáculo	
341661	Atletismo (pista e campo): corrida de obstáculo – esforço fraco	7,5
341662	Atletismo (pista e campo): corrida de obstáculo – esforço moderado	10,0
341663	Atletismo (pista e campo): corrida de obstáculo – esforço forte	12,5
341650	Atletismo (pista e campo): saltos	
341651	Atletismo (pista e campo): saltos – esforço fraco	4,5
341652	Atletismo (pista e campo): saltos – esforço moderado	6,0
341653	Atletismo (pista e campo): saltos – esforço forte	7,5
341670	Atletismo (pista e campo): lançamentos	
341671	Atletismo (pista e campo): lançamentos – esforço fraco	3,0
341672	Atletismo (pista e campo): lançamentos – esforço moderado	4,0
341673	Atletismo (pista e campo): lançamentos – esforço forte	5,0
342010	*Badminton*	
342011	*Badminton* – esforço fraco	3,4
342012	*Badminton* – esforço moderado	4,5
342013	*Badminton* – esforço forte	5,6
341790	**Balé**	
341791	**Balé – esforço fraco**	**3,0**
341792	**Balé – esforço moderado**	**4,8**

Continua

Continuação

Código	Atividades	MET
	Jogos/Esportes	
341793	Balé – esforço forte	7,0
342020	Beisebol	
342021	Beisebol – esforço fraco	3,8
342022	Beisebol – esforço moderado	5,0
342023	Beisebol – esforço forte	6,3
342030	Basquetebol	
342031	Basquetebol – esforço fraco	7,2
342032	Basquetebol – esforço moderado	8,2
342033	Basquetebol – esforço forte	10,1
342050	*Bobsled*	
342051	*Bobsled* – esforço fraco	5,3
342052	*Bobsled* – esforço moderado	7,0
342053	*Bobsled* – esforço forte	8,8
342070	*Broomball/floorball*	
342071	*Broomball/floorball* – esforço fraco	5,3
342072	*Broomball/floorball* – esforço moderado	7,0
342073	*Broomball/floorball* – esforço forte	8,8
341080	Ginástica calistênica	
341081	Ginástica calistênica – esforço fraco	3,5
341082	Ginástica calistênica – esforço moderado	5,8
341083	Ginástica calistênica – esforço forte	8,0
342850	Pega-pega/Pique-pega	
342851	Pega-pega/Pique-pega – esforço fraco	3,8
342852	Pega-pega/Pique-pega – esforço moderado	5,0
342853	Pega-pega/Pique-pega – esforço forte	6,3
341840	Subir em árvores	8,0
342100	Críquete	
342101	Críquete – esforço fraco	2,6
342102	Críquete – esforço moderado	3,5
342103	Críquete – esforço forte	4,4
341110	Cróquete	2,5

Continua

Gasto energético como medida do nível de atividade física em jovens   205

Continuação

Código	Atividades	MET
	Jogos/Esportes	
342120	*Curling** (semelhante a bocha)	
342121	*Curling* – esforço fraco	3,0
342122	*Curling* – esforço moderado	4,0
342123	*Curling* – esforço forte	5,0
341130	**Dançar (geral)**	
341131	**Dançar (geral) esforço fraco**	4,1
341132	**Dançar (geral) – esforço moderado**	5,5
341133	**Dançar (geral) – esforço forte**	6,9
342910	**Caçador/Queimada**	
342911	**Caçador/Queimada – esforço fraco**	3,8
342912	**Caçador/Queimada – esforço moderado**	5,0
342913	**Caçador/Queimada – esforço forte**	6,3
342250	Handebol europeu (equipe)	
342251	Handebol europeu (equipe) – esforço fraco	6,0
342252	Handebol europeu (equipe) – esforço moderado	8,0
342253	Handebol europeu (equipe) – esforço forte	10,0
321870	Pescar	3,0
342150	**Futebol australiano/americano**	
342151	**Futebol australiano/americano – esforço fraco**	6,6
342152	**Futebol australiano/americano – esforço moderado**	8,8[a]
342153	**Futebol australiano/americano – esforço forte**	11,0
342190	*Frisbee* (geral)	
342191	*Frisbee* (geral) – esforço fraco	2,0
342192	*Frisbee* (geral) – esforço moderado	3,0
342193	*Frisbee* (geral) – esforço forte	6,0
342200	*Frisbee* (*ultimate*)	
342201	*Frisbee* (*ultimate*) – esforço fraco	6,0
342202	*Frisbee* (*ultimate*) – esforço moderado	8,0

Continua

206 Promoção e avaliação da atividade física em jovens brasileiros

Continuação

Código	Atividades	MET
	Jogos/Esportes	
342203	Frisbee (ultimate) – esforço forte	10,0
341210	Golfe	
341211	Golfe – esforço fraco	3,0
341212	Golfe – esforço moderado	4,3
341213	Golfe – esforço forte	4,5
341220	**Ginástica**	
341221	**Ginástica – esforço fraco**	**3,0**
341222	**Ginástica – esforço moderado**	**4,0**
341223	**Ginástica – esforço forte**	**5,0**
341230	Hacky sack/footbag	
341231	Hacky sack/footbag – esforço fraco	3,0
341232	Hacky sack/footbag – esforço moderado	4,0
341233	Hacky sack/footbag – esforço forte	5,0
342240	**Tênis de mão**	
342241	**Tênis de mão – esforço fraco**	**3,8**
342242	**Tênis de mão – esforço moderado**	**5,0**
342243	**Tênis de mão – esforço forte**	**6,3**
342830	Esconde-esconde	4,0
342260	Hóquei de campo	
342261	Hóquei de campo – esforço fraco	6,0
342262	Hóquei de campo – esforço moderado	8,0
342263	Hóquei de campo – esforço forte	10,0
342270	Hóquei no gelo	
342271	Hóquei no gelo – esforço fraco	6,0
342272	Hóquei no gelo – esforço moderado	8,0
342273	Hóquei no gelo – esforço forte	10,0
341280	**Amarelinha**	
341281	**Amarelinha – esforço fraco**	**4,4**
341282	**Amarelinha – esforço moderado**	**5,9**
341283	**Amarelinha – esforço forte**	**7,4**
321290	Equitação	

Continua

Continuação

Código	Atividades	MET
321291	Equitação – esforço fraco	2,5
	Jogos/Esportes	
321292	Equitação – esforço moderado	4,0
321293	Equitação – esforço forte	6,5
341300	Patinação no gelo	
341301	Patinação no gelo – esforço fraco	5,5
341302	Patinação no gelo – esforço moderado	7,0
341303	Patinação no gelo – esforço forte	9,0
331330	Malabares	4,0
341320	Caratê/Artes Marciais/Judô/*Kick Boxing*	
341321	Caratê/Artes Marciais/Judô/*Kick Boxing* – esforço fraco	7,5
341322	Caratê/Artes Marciais/Judô/*Kick Boxing* – esforço moderado	10,0
341323	Caratê/Artes Marciais/Judô/*Kick Boxing* – esforço forte	12,5
341340	Caiaque	
341341	Caiaque – esforço fraco	3,8
341342	Caiaque – esforço moderado	5,0
341343	Caiaque – esforço forte	6,3
342350	*Kickball*	
342351	*Kickball* – esforço fraco	5,3
342352	*Kickball* – esforço moderado	7,0
342353	*Kickball* – esforço forte	8,8
342360	***Lacrosse***	
342361	***Lacrosse*** – esforço fraco	**4,8**
342362	***Lacrosse*** – esforço moderado	**6,4**
342363	***Lacrosse*** – esforço forte	**8,0**
342370	*Lawn bowls* (semelhante a bocha)	3,0
331960	**Levantamento de peso**	
331961	**Levantamento de peso – esforço fraco**	**2,1**
331962	**Levantamento de peso – esforço moderado**	**2,8**
331963	**Levantamento de peso – esforço forte**	**3,5**

Continua

Continuação

Código	Atividades	MET
341970	Minigolfe	3,0
	Jogos/Esportes	
341980	Jogos não estruturados em ginásio – caminhar/correr	4,0
321960	Jogos não estruturados em ginásio – sentado	2,3
341990	**Jogos não estruturados ao ar livre**	
341991	**Jogos não estruturados ao ar livre – esforço fraco**	3,8
341992	**Jogos não estruturados ao ar livre – esforço moderado**	5,0
341993	**Jogos não estruturados ao ar livre – esforço forte**	6,3
342380	***Netball* (semelhante ao basquete)**	
342381	***Netball* – esforço fraco**	7,2[a]
342382	***Netball* – esforço moderado**	8,2[a]
342383	***Netball* – esforço forte**	10,1[a]
341390	Orientação	
341391	Orientação – esforço fraco	7,0
341392	Orientação – esforço moderado	9,0
341393	Orientação – esforço forte	11,0
342400	*Paddleball*	
342401	*Paddleball* – esforço fraco	4,5
342402	*Paddleball* – esforço moderado	6,0
342403	*Paddleball* – esforço forte	7,5
341900	**Equipamentos do *playground* (exemplo: selva)**	
341901	**Equipamentos do *playground* (exemplo: selva) – esforço fraco**	3,8
341902	**Equipamentos do *playground* (exemplo: selva) – esforço moderado**	5,0
341903	**Equipamentos do *playground* (exemplo: selva) – esforço forte**	6,3
342770	**Arremessar a bola de beisebol**	
342771	**Arremessar a bola de beisebol – esforço fraco**	2,0

Continua

Continuação

Código	Atividades	MET
342772	Arremessar a bola de beisebol – esforço moderado	2,6
	Jogos/Esportes	
342773	Arremessar a bola de beisebol – esforço forte	3,3
321880	Brincar na caixa de areia	1,6[a]
321950	Brincar com animais – sentado	2,5
341290	Brincar com animais – caminhando/correndo	
341291	Brincar com animais – caminhando/correndo – esforço fraco	2,8
341292	Brincar com animais – caminhando/correndo – esforço moderado	4,0
341293	Brincar com animais – caminhando/correndo – esforço forte	5,0
321920	Brincar com brinquedos/lego/bonecos/ personagem de ação	1,6[a]
342760	Brincar com crianças	
342761	Brincar com crianças – esforço fraco	2,8
342762	Brincar com crianças – esforço moderado	4,0
342763	Brincar com crianças – esforço forte	5,0
341820	Pula-pula	
341821	Pula-pula – esforço fraco	6,5
341822	Pula-pula – esforço moderado	8,7
341823	Pula-pula – esforço forte	10,9
332040	Sinuca/Bilhar	2,5
331420	Jogo das argolas	3,0
341890	Marcha atlética	
341891	Marcha atlética – esforço fraco	4,9
341892	Marcha atlética – esforço moderado	6,5
341893	Marcha atlética – esforço forte	8,1
342430	*Racquetball*	
342431	*Racquetball* – esforço fraco	5,3

Continua

Continuação

Código	Atividades	MET
342432	*Racquetball* – esforço moderado	7,0
342433	*Racquetball* – esforço forte	8,8
342440	**Red Rover**	
342441	**Red Rover** – esforço fraco	3,8
	Jogos/Esportes	
342442	**Red Rover** – esforço moderado	5,0
342443	**Red Rover** – esforço forte	6,3
341240	Andar de bicicleta	
341241	Andar de bicicleta – esforço fraco	4,7
341242	Andar de bicicleta – esforço moderado	6,2
341243	Andar de bicicleta – esforço forte	7,8
341250	Andar de *scooter*	
341251	Andar de *scooter* – esforço fraco	4,9
341252	Andar de *scooter* – esforço moderado	6,5
341253	Andar de *scooter* – esforço forte	8,1
341270	Andar de *skate*	
341271	Andar de *skate* – esforço fraco	3,8
341272	Andar de *skate* – esforço moderado	5,0
341273	Andar de *skate* – esforço forte	6,3
341450	Escalada	
341451	Escalada – esforço fraco	6,0
341452	Escalada – esforço moderado	8,0
341453	Escalada – esforço forte	11,0
341310	**Patins (*in-line skating*)**	
341311	**Patins (*in-line skating*)** – esforço fraco	4,9
341312	**Patins (*in-line skating*)** – esforço moderado	6,5
341313	**Patins (*in-line skating*)** – esforço forte	8,1
341460	**Patins**	
341461	**Patins** – esforço fraco	4,9[a]
341462	**Patins** – esforço moderado	6,5[a]

Continua

Continuação

Código	Atividades	MET
341463	Patins – esforço forte	8,1[a]
341090	Remos/canoagem	
341091	Remos/canoagem – esforço fraco	3,0
	Jogos/Esportes	
341092	Remos/canoagem – esforço moderado	7,0
341093	Remos/canoagem – esforço forte	12,0
342160	Rúgbi *league*	
342161	Rúgbi *league* – esforço fraco	6,6
342162	Rúgbi *league* – esforço moderado	8,8[a]
342163	Rúgbi *league* – esforço forte	11,0
342170	Rúgbi *union*	
342171	Rúgbi *union* – esforço fraco	6,6
342172	Rúgbi *union* – esforço moderado	8,8[a]
342173	Rúgbi *union* – esforço forte	11,0
341480	Corrida/*Jogging*	
341481	Corrida/*Jogging* – esforço fraco	7,7[b]
341482	Corrida/*Jogging* – esforço moderado	8,5[b]
341483	Corrida/*Jogging* – esforço forte	9,3[b]
331490	Windsurfe	
331491	Windsurfe – esforço fraco	2,0
331492	Windsurfe – esforço moderado	3,0
331493	Windsurfe – esforço forte	5,0
321940	Velejar	
321941	Velejar – esforço fraco	2,3
321942	Velejar – esforço moderado	3,0
321943	Velejar – esforço forte	3,8
341500	*Shuffleboard*	
341501	*Shuffleboard* – esforço fraco	2,3
341502	*Shuffleboard* – esforço moderado	3,0
341503	*Shuffleboard* – esforço forte	4,0
341520	Esquiar (*cross-country*)	
341521	Esquiar (*cross-country*) – esforço fraco	7,0

Continua

Continuação

Código	Atividades	MET
341522	Esquiar (*cross-country*) – esforço moderado	8,0
341523	Esquiar (*cross-country*) – esforço forte	9,0
341530	Esquiar (*downhill*)	
	Jogos/Esportes	
341531	Esquiar (*downhill*) – esforço fraco	5,0
341532	Esquiar (*downhill*) – esforço moderado	6,0
341533	Esquiar (*downhill*) – esforço forte	8,0
341540	Mergulho	
341541	Mergulho – esforço fraco	7,0
341542	Mergulho – esforço moderado	12,5
341543	Mergulho – esforço forte	16,0
341470	**Pular corda**	
341471	**Pular corda – esforço fraco**	**6,2**
341472	**Pular corda – esforço moderado**	**8,3**
341473	**Pular corda – esforço forte**	**10,3**
341550	Mergulho de *snorkel*	
341551	Mergulho de *snorkel* – esforço fraco	3,8
341552	Mergulho de *snorkel* – esforço moderado	5,0
341553	Mergulho de *snorkel* – esforço forte	6,3
342180	**Futebol (campo/*society*)**	
342181	**Futebol (campo/*society*) – esforço fraco**	**6,6**
342182	**Futebol (campo/*society*) – esforço moderado**	**8,8**
342183	**Futebol (campo/*society*) – esforço forte**	**11,0**
342560	*Softball* ou *t-ball*	
342561	*Softball* ou *t-ball* – esforço fraco	3,8
342562	*Softball* ou *t-ball* – esforço moderado	5,0
342563	*Softball* ou *t-ball* – esforço forte	6,3
341570	Patinação de velocidade (competitivo)	
341571	Patinação de velocidade (competitivo) – esforço fraco	7,0
341572	Patinação de velocidade (competitivo) – esforço moderado	9,0

Continua

Continuação

Código	Atividades	MET
341573	Patinação de velocidade (competitivo) – esforço forte	15,0
342580	*Squash*	
342581	*Squash* – esforço fraco	5,3
Jogos/Esportes		
342582	*Squash* – esforço moderado	7,0
342583	*Squash* – esforço forte	8,8
331590	**Exercícios de alongamento**	**2,5**
341600	Surfe (corpo ou prancha)	
341601	Surfe (corpo ou prancha) – esforço fraco	3,8
641602	Surfe (corpo ou prancha) – esforço moderado	5,0
341603	Surfe (corpo ou prancha) – esforço forte	6,3
341930	Natação (brincando na piscina)	
341931	Natação (brincando na piscina) – esforço fraco	3,0
341932	Natação (brincando na piscina) – esforço moderado	4,0
341933	Natação (brincando na piscina) – esforço forte	5,0
341610	**Natação por voltas**	
341611	**Natação por voltas – esforço fraco**	**8,4**
341612	**Natação por voltas – esforço moderado**	**9,9**
341613	**Natação por voltas – esforço forte**	**11,6**
342620	Tênis de mesa	
342621	Tênis de mesa – esforço fraco	3,0
342622	Tênis de mesa – esforço moderado	4,0
342623	Tênis de mesa – esforço forte	5,0
331630	***Tai chi chuan/ioga***	**2,5**[a]
341800	**Sapateado**	
341801	**Sapateado – esforço fraco**	**3,0**
341802	**Sapateado – esforço moderado**	**4,8**
341803	**Sapateado – esforço forte**	**7,0**
342640	Tênis de quadra	
342641	Tênis de quadra – esforço fraco	5,3

Continua

Continuação

Código	Atividades	MET
342642	Tênis de quadra – esforço moderado	7,0
342643	Tênis de quadra – esforço forte	8,8
342060	**Boliche**	**4,9**
	Jogos/Esportes	
331990	Tênis totem	
331991	Tênis totem – esforço fraco	3,8
331992	Tênis totem – esforço moderado	5,0
331993	Tênis totem – esforço forte	6,3
342810	***Touch football***	
342811	***Touch football* – esforço fraco**	**6,6**
342812	***Touch football* – esforço moderado**	**8,8**[a]
342813	***Touch football* – esforço forte**	**11,0**[a]
341680	**Trampolim**	
341681	**Trampolim – esforço fraco**	**6,5**
341682	**Trampolim – esforço moderado**	**8,7**
341683	**Trampolim – esforço forte**	**10,9**
342700	Voleibol (praia)	
342701	Voleibol (praia) – esforço fraco	6,0
342702	Voleibol (praia) – esforço moderado	8,0
342703	Voleibol (praia) – esforço forte	10,0
342690	Voleibol (quadra)	
342691	Voleibol (quadra) – esforço fraco	3,0
342692	Voleibol (quadra) – esforço moderado	4,0
342693	Voleibol (quadra) – esforço forte	5,0
342710	*Wallyball*/voleibol modificado	
342711	*Wallyball*/voleibol modificado – esforço fraco	5,3
342712	*Wallyball*/voleibol modificado – esforço moderado	7,0
342713	*Wallyball*/voleibol modificado – esforço forte	8,8
331730	Esqui aquático	
331731	Esqui aquático – esforço fraco	4,5
331732	Esqui aquático – esforço moderado	6,0
331733	Esqui aquático – esforço forte	7,5

Continua

Continuação

Código	Atividades	MET
341740	*Rafting*	
341741	*Rafting* – esforço fraco	3,8
341742	*Rafting* – esforço moderado	5,0
Jogos/Esportes		
341743	*Rafting* – esforço forte	6,3
342860	Luta (arte marcial) com colega	4,0
Atividades escolares		
420000	**Artes – sentado**	**1,6**
430000	**Artes – em pé**	**1,9**
440160	**Transportar equipamentos de esporte**	**4,2[a]**
420050	Atividades no computador (exemplo: internet)	1,8
420090	**Pintar com lápis de cera**	**1,4**
430070	Aula de teatro	2,3
420010	**Desenhar – sentado**	**1,4[a]**
430100	**Desenhar – em pé**	**1,9**
430080	**Dar uma palestra/apresentação**	**1,6[a]**
420130	**Organizar o material escolar**	**1,4**
440170	Empacotar	2,5
430140	Embalar/desembalar sacos	2,5
420020	Ler – sentado	1,3[a]
430020	Ler – em pé	1,8
420120	**Chamada/organização da sala**	**1,4**
430150	Monitor escolar para atravessar a rua	2,0
420180	Experimentos científicos – sentado	1,5
430190	Experimentos científicos – em pé	2,5
420110	**Sentado tranquilamente (exemplo: ouvindo o professor)**	**1,4**
420030	**Estudar/tarefas para casa**	**1,4**
420040	Anotar/ discussão em classe	1,4
430090	Estudos técnicos – esforço fraco em pé (exemplo: eletrônicos/máquinas)	2,5
430110	Estudos técnicos – esforço moderado em pé (exemplo: carpintaria/solda)	3,0

Continua

Continuação

Código	Atividades	MET
420060	Escrever – sentado	1,4
	Autocuidado	
531000	Escovar ou pentear o cabelo (em pé)	2,5
	Autocuidado	
531010	Escovar os dentes	2,0
533020	Vestir e despir	2,7
522130	Beber – sentado	1,5
532140	Beber – em pé	2,0
522030	Comer – sentado	1,5
532040	Comer – em pé	2,0
553050	Preparar-se para dormir	2,7
521060	Ter o cabelo arrumado por outra pessoa	1,4[a]
534120	Pôr protetor solar/ lentes de contato etc.	2,0
531070	Tomar banho e secar-se	2,0
521080	Sentado na banheira	1,4[a]
521090	Sentado no vaso sanitário	1,4[a]
531100	Tomar remédio	1,5
534110	Lavar o rosto/a face	2,0
	Ocupações	
632000	Lavar o cachorro	2,5
642010	Carregar criança pequena	3,0
641410	Carregar itens muito pesados (exemplo: móveis)	6,0
622020	Cuidar de criança (exemplo: vestir)	3,0
622030	Cuidar de criança (exemplo: alimentação)	2,5
633400	Cortar madeira	6,0
630040	Cozinhar – em pé	2,0
632050	Lavar a roupa	2,6[a]
641060	Tirar o pó	4,2
642070	Alimentar animais	2,5

Continua

Continuação

Código	Atividades	MET
642360	Consertar coisas (exemplo: bicicleta/ brinquedos/trabalhos mecânicos no carro)	2,5
643330	Jardinagem	3,7
642080	Pendurar roupa no varal	2,6
632090	Passar roupa	2,3
622100	Tricotar ou costurar	1,5
	Ocupações	
630370	Almoçar	2,0
631110	Arrumar a cama	3,4
641120	Passar o pano	3,6[a]
643290	Cortar grama	5,5
633340	Colher frutas ou vegetais	3,0
623320	Arrancar ervas daninhas	3,7
641130	Arrumar a roupa no armário	2,3
642170	Guardar ou carregar mantimentos	2,5
643310	Varrer folhas	4,3
641180	Esfregar o chão	3,8
640190	Servir comida	2,6
640350	Arrumar a mesa	2,6
642200	Comprar	2,3
633390	Cavar	4,3
641210	Varrer chão	3,6
643220	Varrer o exterior	3,6
641370	Levar o lixo para fora/ lata de lixo	2,5
641230	Arrumação/limpeza da sala	3,4
631240	Desembalar caixas	3,5
641250	Aspirar o pó	4,2
642260	Lavar o carro ou as janelas	3,0
630270	Lavar ou limpar pratos	1,9
643280	Regar as plantas	2,5
643300	Conduzir o carrinho de mão	5,0

Continua

Continuação

Código	Atividades	MET
	Outros	
721030	Diversão/ Passeio no parque de diversão	1,5
721000	Acampamento – sentado	2,5
722190	**Computador/*video game***	**1,5**
732200	Brincar com *video games* (exemplo: *Eye Toy/dance mat/arcade games*)	
	Outros	
732201	Brincar com *video games* (exemplo: *Eye Toy/dance mat/arcade games*) – esforço fraco	1,7
732202	Brincar com *videogames* (exemplo: *Eye Toy/dance mat/arcade games*) – esforço moderado	3,4
732203	Brincar com *videogames* (exemplo: *Eye Toy/dance mat/arcade games*) – esforço forte	6,4
731210	Dardos	2,5
721010	Encontro familiar (comer e falar sentado calmamente)	1,5
723020	Trabalho – cuidar de criança sentada (exemplo: alimentação/banho)	2,5
733030	Trabalho – cuidar de criança em pé (exemplo: carregando/vestindo/brincando)	3,0
743020	**Trabalho – longo período caminhando**	**2,9[a]**
743030	**Trabalho – andando de bicicleta**	**4,7[a]**
733010	Trabalho – servir em pé (exemplo: restaurante/lancheria)	2,3
723010	Trabalho – sentado no escritório	1,5
733020	Trabalho – empilhar prateleiras	3,0
743010	Trabalho – garçonete – período curto caminhando	2,0
741260	**Festa (principalmente dançando)**	**3,2 a**
721240	Festa (principalmente sentado)	1,5
731250	Festa (principalmente em pé)	1,8
740150	Desempenho na linha de montagem	3,0
721220	**Jogar cartas/quebra-cabeça/jogos de tabuleiro**	1,6

Continua

Continuação

Código	Atividades	MET
720030	Tocar acordeão	1,8
720040	**Tocar violoncelo**	**1,7**
720050	Tocar bateria	4,0
720060	Tocar flauta/gravador – sentado	2,0
720070	Tocar guitarra – sentado	2,0
	Outros	
730080	Tocar guitarra – em pé	3,0
720090	Tocar buzina	2,0
720100	**Tocar piano ou órgão**	**1,7**
730110	Tocar trombone	3,5
730120	Tocar trompete	2,5
720130	**Tocar violino**	**1,7**
720140	Tocar instrumentos de sopro	1,6
721150	**Orar**	**1,4[a]**
720180	**Cantar – sentado**	**1,4**
730180	**Cantar – em pé**	**1,6**
721160	**Sentado na igreja**	**1,5**
721230	Assistir a eventos esportivos ao vivo	1,5
722170	Embrulhar/desembrulhar presentes	1,5

Nota: MET = equivalente metabólico; TV = televisão.

a = em alguns casos, o gasto energético específico da criança com um padrão de movimento idêntico ao adulto é utilizado, em vez do valor adulto de Ainsworth (1993) com uma descrição da atividade semelhante.

b = o gasto energético das atividades de caminhada e de corrida é baseado em uma criança de 12 anos de idade.

c = esforços fraco, moderado e forte caminhando são baseados na velocidade comunicada em Ridley e Olds (2008) e velocidade em caminhar habitualmente lento, normal e rápido para jovens entre 6 e 19 anos são baseados nos resultados de Waters et al. (1988).

d = esforço fraco, moderado e forte correndo são baseados na revisão comunicada em Ridley e Olds (2008).

6.4 Referências

AINSWORTH, B. E. et al. Compendium of Physical Activities: Classification of Energy Costs of Human Physical Activities. *Med. Sci. Sports Exerc.*, v. 25, p. 71-80, 1993.

BOUCHARD, C. et al. A Method to Assess Energy Expenditure in Children and Adults. *Amer. J. Clinic. Nutrit.* v. 3, p. 461-7, 1983.

BOUCHARD, C. et al. Genetic Influences on Energy Expenditure in Humans. *Crit. Rev. Food. Sci. Nutri.* v. 33, n. 4, p. 45-350, 1993.

FACULDADE de MOTRICIDADE HUMANA. *Compêndio de Actividades Físicas*: como calcular o dispêndio energético de actividades físicas em adultos. Lisboa: Editora da Faculdade de Motricidade Humana, 2008

FONSECA, P. H. S. *Validação de equações de predição da taxa metabólica de repouso em adolescentes*. 2007. Dissertação (Pós-graduação em Educação Física) – Universidade Federal de Santa Catarina, Trindade, 2007.

FONSECA, P. H. S.; DUARTE, M. F. S. Equações que estimam a taxa metabólica de repouso em adolescentes: história e validade. *Rev. Bras. Cineantropom. Desemp. Hum.*, v. 10, n. 4, p. 405-11, 2008.

GROVE, K. L. et al. Development of Metabolic Systems. *Physiol. Behav.*, v. 86, p. 646-60, 2005.

HENRY, C. J. K.; REES, D. G. New Predictive Equations for the Estimation of Basal Metabolic Rate in Tropical People. *Euro. J. Clinic. Nutrit.*, v. 45, p. 177-85, 1991.

IBGE. *Pesquisa Nacional de Saúde do Escolar 2009*. Disponível em: <http://www.ibge.gov.br/home/estatistica/populacao/pense/defaulttab.shtm>. Acesso em: 1 mar. 2010.

INSTITUTE OF MEDICINE, FOOD AND NUTRITION BOARD. *Dietary References Intakes*: for Energy, Carbohydrates, Fiber, Fat, Fatty Acids, Cholesterol, Protein, and Amino Acids. Washington, D. C. The National Academies Press, 2002.

LAPORTE, R. E.; MONTOYE, H. E.; CASPERSEN, C. J. Assessment of Physical Activity in Epidemiologic Research: Problems and Prospects. *Public Health Rep.*, v. 100, n. 2, p. 131-46, 1985.

MONTOYE, H. J. et al. *Physical Activity and Energy Expenditure*. Champaign: Human Kinetics, 1996.

RIDLEY, K.; AINSWORTH, B. E.; OLDS, T. S. Development of a Compendium of Energy Expenditures for Youth. *Internat. J. Behav. Nutrit. Phys. Activ.*, v. 5, n. 45, p. 1-8, 2008.

RIDLEY, K.; OLDS, T. Assigning Energy Costs to Activities in Children: A Review and Synthesis. *Med. Sci. Sports Exerc.*, v. 40, n. 8, p. 1439-46, 2008.

SCHOFIELD, W. N. Predicting Basal Metabolic Rate, New Standards and Review of Previous Work. *Hum. Nutr. Clinic. Nutr.*, v. 39 C, p. 5-41, 1985. Suppl. 1.

WATERS, R. L. Energy-speed relationship of walking: standard tables. *J. Orthop. Res.*, v. 6, p. 215-22, 1988.

Apêndice

Estudando na internet

Esta seção do livro destina-se aos nossos leitores que utilizam a *web* como ferramenta para ampliar seus conhecimentos. Apresentamos uma lista de *sites* da internet que podem ser acessados livremente e que se relacionam aos temas abordados no livro, para consulta.

ABESO – <www.abeso.org.br>.

Agência Nacional de Saúde Suplementar (ANS) – <www.ans.gov.br>.

American Alliance for Health, Physical Education, Recreation and Dance – <www.aahperd.org>.

Associação Brasileira de Promoção da Saúde (ABPS) – <www.abps.org.br>.

Biblioteca Virtual em Saúde – Adolec Brasil – <www.adolec.br>.

Biblioteca Virtual em Saúde – <bvsms.saude.gov.br>.

Caderneta de Saúde da Criança:

<http://nutricao.saude.gov.br/documentos/caderneta_saude_da_crianca.pdf>;

<http://portal.saude.gov.br/portal/saude/cidadao/visualizar_texto.cfm?idtxt=24225>;

<http://portal.saude.gov.br/portal/arquivos/pdf/Caderneta%20Menino.pdf>;

<http://portal.saude.gov.br/portal/arquivos/pdf/Caderneta%20Menina.pdf>.

Caderneta de Saúde do Adolescente:

<http://portal.saude.gov.br/portal/arquivos/pdf/cardeneta_meninos.pdf>.

<http://portal.saude.gov.br/portal/arquivos/pdf/cardeneta_meninas.pdf>.

Carta de Ottawa – <www.opas.org.br/coletiva/uploadArq/Ottawa.pdf>.

CELAFISCS – <www.celafiscs.institucional.ws>.

Centers for Disease Control and Prevention (CDC) – <www.cdc.gov>.

Conferências Internacionais de Promoção da Saúde – <www.who.int/healthpromotion/conferences/en/>.

Free Medical Books – <www.freebooks4doctors.com>.

IBGE – <www.ibge.gov.br>.

Instituto Nacional de Câncer (INCA) – <www.inca.gov.br>.

Ministério da Saúde – <portal.saude.gov.br>.

Ministério da Saúde: Saúde da criança – <www.telessaudebrasil.org.br>.

Ministério do Esporte – <www.esporte.gov.br>.

Núcleo de Cineantropometria & Desempenho Humano (NUCIDH) – <www.nuci-dh.ufsc.br>.

Núcleo de Pesquisa em Atividade Física e Saúde (NUPAF) – <nupaf.ufsc.br>.

Organização Pan-americana de Saúde (OPAS) – <new.paho.org/bra/>.

Portal Domínio Público – <www.dominiopublico.gov.br>.

Portal Periódicos Capes – <www.period icos.capes.gov.br>.

PROESP-BR – <www2.ufrgs.br/proesp/>.

PUBMED – <www.ncbi.nlm.nih.gov/pubmed/>.

Sociedade Internacional para o Avanço da Cineantropometria (ISAK) – <www.isakonline.com>.

World Health Organization (WHO) – <www.who.int/en/>.

Anexos

Anexo A – Percentil de altura por idade
Garotos de 02 a 20 anos

Gráficos de Crescimento - CDC

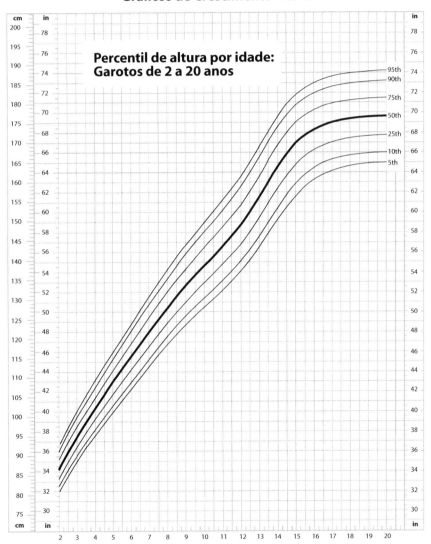

Anexo B – Percentil de altura por idade
Meninas de 02 a 20 anos

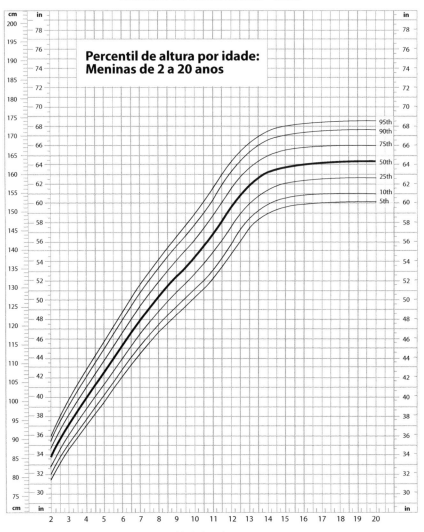

Anexo C – Percentil de peso por idade
Garotos de 02 a 20 anos

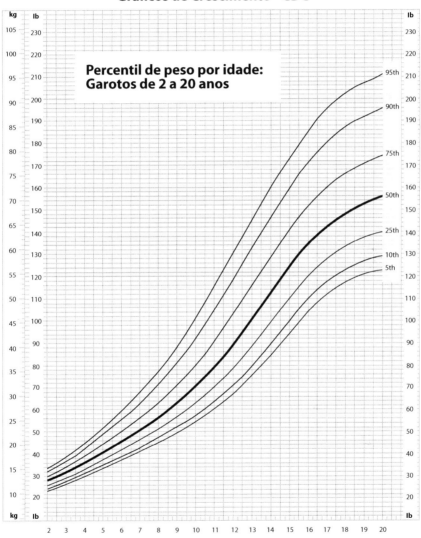

Publicado em 30/05/200 (modificado em 06/01/2012)
Fonte: Desenvolvido por National Center for Health Statistics em colaboração com o National Center For Chronics Disease Prevention and Health Promotion (2000).
http://www.cdc.gov/growthcharts

ANEXO D – PERCENTIL DE PESO POR IDADE
MENINAS DE 02 A 20 ANOS

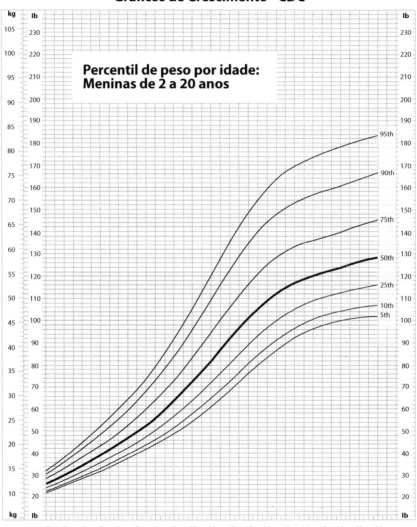

Anexo E – Percentil de IMC por idade
Garotos de 02 a 20 anos

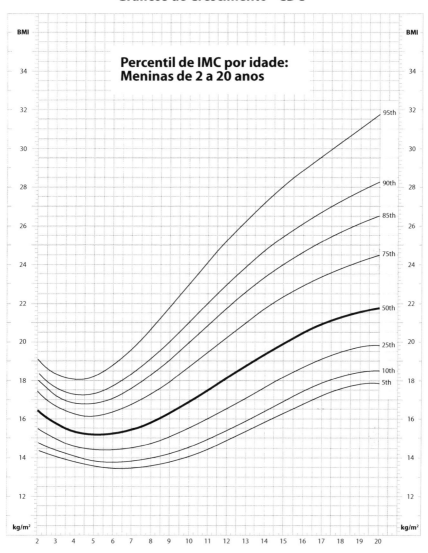

Gráficos de Crescimento - CDC

ANEXO F – PERCENTIL DE IMC POR IDADE
MENINAS DE 02 A 20 ANOS

Gráficos de Crescimento - CDC

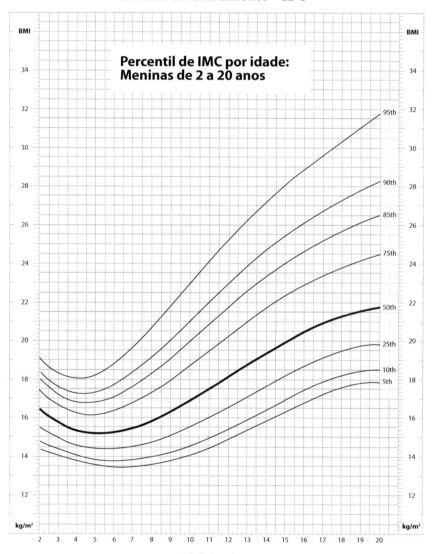

Anexo G – Recordatório das atividades do cotidiano

Recorde as atividades realizadas das *00h da manhã à meia-noite de ontem*. Anote o número do MET da atividade no quadro a seguir de acordo com a hora do dia.

Nome: _____

Data de nascimento: __/__/____ Sexo: ( ) Masculino ( ) Feminino
Dia da semana: ( ) segunda-feira ( ) terça-feira ( ) quarta-feira ( ) quinta-feira
( ) sexta-feira ( ) sábado ( ) domingo

Horas	Minutos			
	00 – 15	16 – 30	31 – 45	46 – 60
00				
01				
02				
03				
04				
05				
06				
07				
08				
09				
10				
11				
12				
13				
14				
15				
16				
17				
18				
19				
20				
21				
22				
23				

SOBRE O LIVRO
Formato: 17 x 24 cm
Mancha: 11,5 x 19,75 cm
Tipologia: Apollo e Frutiger Linotype
Papel: Offset 90 g
n° páginas: 240
1ª edição: 2012

EQUIPE DE REALIZAÇÃO
Assistência Editorial
Cyntia Vasconcellos e Emerson Charles

Assessoria Editorial
Maria Apparecida F. M. Bussolotti

Edição de Texto
Fernanda Fonseca (Preparação do original e copidesque)
Juliana Maria Mendes e Roberta H. S. Villar (Revisão)

Editoração Eletrônica
Estefânia Mariano Lorenzetti (Capa, projeto gráfico, diagramação e tratamento de imagens)
Ricardo Howards (Ilustração)

Fotografia
Tomasz Wojnarowicz/istockphoto.com (Foto de capa)

Impressão